KB057934

머리말

사회생활을 하다보면 전혀 뜻하지 않았던 일에 연루되어 억울한 일을 당하면 누구라도 지푸라기라도 잡는 심정으로 사정을 하소연하고 도움을 청해야만 하는 일이 생길 수 있습니다.

법에 문외한인 사람에게는 탄원서를 통하여 도움을 줄 수 있는 분에게 어떻게 접근해야 하고 어떤 내용으로 사정을 하소연하고 도움을 청해야 하는지 어떻게 대처해야 사정을 호소하고 도움을 받을 수 있는지 몰라서 당황한 상황에서 누구에게 찾아가 물어볼 수도 없는 일이라 탄원서라는 이름으로 선처를 호소하고자 하는 그 심정은 이해가 됩니다.

탄원서는 작성하는 분의 가치 있는 양형자료를 잘 선별하여 작성하여야 하는데 어떤 것이 양형자료가 되고 어떤 것은 양형자료로 할 수 없는 것인지 이해하지 못한 상태로 선처를 호소하고 도움을 받아야겠다는 생각만으로 출발하다보니 작성하고 읽어보면 부족한 것 같고 고치고 또 고치고 나서 보면 또 어딘가 잘못된 것 같아 밤새도록 고쳐도 돌아서면 마음에 들지 않아 자초지종을 따져 볼 겨를도 없는 입장에서 시간만 허비하게 됩니다.

탄원서는 작성함으로써 얻을 수 있는 효과를 먼저 생각하고 탄원서를 읽는 분의 입장에서 작성하고 어떤 내용을 설명하고 이해를 시켜야 양형자료가 될 것인지는 사건의 진행 경과에 따라 다르고 누가 작성하느냐에 따라 다르고 부족한 양형자료를 얼마만큼 잘 설득을 시키느냐에 따라 선처를 부탁하는 글로서 가치가 있는 것입니다.

탄원서는 무죄나 유죄를 만들어 내는 것은 아닙니다.

탄원서를 통하여 억울하게 벌을 받을 수 있고, 과한 처벌을 받을 수 있는 양형자료에 대해서는 탄원서를 읽고 도움을 줄 수 있는 분에게 설명하고 양형자료로서 감경요소에 적극적으로 반영해 줄 것을 간곡히 부탁함으로써 억울하게 처벌을 받거나 과한 처벌을 받지 않을 수 있는 기회를 갖게 되는 것입니다.

탄원서는 어떻게 보면 피의자나 피고인과 구형량을 정하는 검사나 양형을 정하는 판사가 일대일로 대화하는 것일 수 있습니다. 검사나 판사가 일일이 피의자나 피고인을 만나서 대화를 한다는 것은 시간적으로 제약이 있기 때문입니다. 형사재판이나 수사는 10%는 유무죄를 따지는 것이고, 나머지 90%는 피의자나 피고인이 작성한 탄원서를 통하여 형량을 정하는 것입니다.

피의자에 대한 검사가 구형량을 정하고, 재판장이 피고인의 양형을 정하기 위한 기초자료는 경찰에서 사법경찰관이 작성한 형식적인 조사가 전부이므로 검사나 판사는 탄원서를 통하여 양형의 자료를 찾아 피의자나 피고인에게 가장 알맞은 형을 정하려는 것입니다.

범죄자의 이면에 숨겨진 인간을 보고 그에 합당한 벌을 주는 것이므로 피의자나 피고인이 거짓말을 하지 않았을 것이라는 전제하에 정상을 참작하고 형량을 정하는데 참고하여야 할 수밖에 없습니다.

수사결과 피의자의 범죄혐의 유죄로 인정되어 검사가 공소를 제기할 때 피의자의 구형량을 정하거나 판결을 선고하는 재판장으로서는 사건의 기록만으로 피의자나 피고인의 범죄를 판단하고 구형량을 정하고 판결을 선고한다는 것은 한계가 있습니다.

그래서 탄원서를 보고 피의자나 피고인이 왜 범죄를 저질렀고, 앞으로 어떻게 살 것인지를 확인하고 피의자나 피고인에게 가장 알맞은 형을 정하고 선고해 달라고 탄원서를 작성해 내는 목적입니다.

탄원서의 진정성은 삶 자체가 진실하고 행동이 가식적이지 않는 사람에게 붙여지는 수식어라 할 수 있습니다.

공생하려면 신뢰가 바탕이 되어야 합니다. 그 신뢰를 입증하는 길이 바로 탄원서를 통한 진정성입니다.

진정성은 더 이상의 신뢰사항이 아닌 탄원서에는 필수 요소가 되었습니다. 그 어느 때보다도 더욱 진정성을 필요로 하는 시대에 살고 있기 때문입니다.

피의자나 피고인이 탄원서를 통하여 선처를 호소하는 양형자료가 진실이라고 생각하는 것이 다른 사람이 볼 때 진실이 아닐지도 모릅니다. 하지만 진정성을 이루는 것은 '진실한 것은 무엇이든 소중하다'는 것이므로 진정성은 타고나야만 하는 품성은 아닙니다.

누구나 끊임없이 자기성찰과 개선은 탄원서를 통해서 갖출 수 있습니다.

피의자나 피고인의 진정성은 그 사람이 살아온 과정을 보면 됩니다.

위선과 가식으로 포장된 것이 아니라 탄원서를 통하여 피의자나 피고인이 살아온 삶 자체가 진실하였는지를 보여주면 충분한 가치가 있는 탄원서가 됩니다.

올바른 자신만의 원칙과 기준을 가지고 있다면 원칙과 기준이 있었다면 그런 물의를 빚는 행동이나 범행을 저지르지 않았을 것입니다.

삶의 원칙을 정하라는 말의 의미는 인간관계의 딜레마에 빠지지 말고 자신이 우선하는 가치에 따라 원칙대로 행동하라는 뜻이므로 탄원서를 통하여 그 모습을 보여주어야 합니다.

삶에 있어서 중요한 것이 무엇이고, 그것을 지켜나가기 위한 원칙을 탄원서에서 세워보고, 탄원서에 의하여 그 원칙에 따라 행동해보고. 그리고 그동안 일어났던 일들에 대해서 자신만의 원칙으로 사안들을 바라보면 진정성을 갖춘 새로운 삶이 시작되는 모습을 탄원서를 통하여 보여주어야 선처를 받을 수 있습니다.

본서를 접한 모든 분들은 형사사건에서 탄원서를 잘 작성해 내시고 마음에 드는 선처를 받아 늘 웃으시면서 건강하시기 바랍니다.

감사합니다.

편저자 드림

형사사건 탄원서 작성방법

형사사건
탄원서 작성방법

제1장. 탄원서

1. 탄원서의 의의

탄원서는 개인이나 단체가 국가 또는 공공기관에 대하여 절박한 사정을 하소연하고 도와주기를 바라는 내용을 기재하여 전달하는 문서입니다. 주로 탄원서는 형사사건과 관련하여 경찰의 수사단계, 검찰의 수사단계부터 법원의 재판단계에 이르기까지 수시로 사정을 호소하고 도움을 청하거나 제3자나 피해자가 어떤 처분을 구제하기 위하여 많이 사용되고 있습니다.

탄원내용은 너무 장황하게 작성하지 않고 간략하고 명확하게 작성하는 것이 효과적일 수 있습니다. 탄원서를 읽고 도움을 줄 수 있는 분에게 양형자료를 용이하게 확인하고 도움을 줄 수 있도록 작성하여야 하고 무엇보다도 양형자료는 이해하기 쉽게 설명하는 식으로 작성하는 것이 좋습니다.

2. 탄원서의 형식

탄원서를 작성하는 정형이 있는 것은 아니지만 탄원서를 읽고 도움을 줄 수 있는 분이 이해하기 쉽게 (1)탄원인의 인적사항 (2)피탄원인의 인적사항 (3)탄원인과 피탄원인의 관계 (4)탄원의 취지 (5)탄원의 이유 (6)피탄원인이 사회에서 어떤 긍정적인 영향을 미친 부분 등의 상황을 보다 구체적으로 구성하고 형식에 얽매이지 마시고 자유로운 방식으로 설명하는 식으로 작성하시면 됩니다.

그러나 탄원서는 형식적인 기재순서보다는 경찰의 수사단계에 제출하는 경우 사법경찰관에게 검찰의 수사단계에 제출하는 경우 검사에게 법원의 재판단계에 제출하는 경우 재판장의 심증을 움직이는 데 초점을 맞추고 피의자나 피고인에게 유리한 양형자료가 되도록 논리에 맞도록 작성하여야 효과적입니다.

3. 탄원서의 상대적 효과

탄원서는 피의자나 피고인이 어떤 범죄를 자행하였는가에 따라 반드시 탄원서에 기재하여야 할 것이 있고, 기재할 필요가 없거나 기재하여서는 아니 될 것이 있습니다. 탄원서에 기재할 필요가 없는 것을 기재하면 경찰이나 검찰에서의 수사단계에서는 수사의 초점이 분산되고 수사의 대상으로 삼아서는 안될 것이 수사가 되는 등 탄원의 목적이 아닌 방향으로 수사가 전개될 수도 있습니다.

따라서 어떤 내용을 양형자료로 하여 탄원서에 쓸 것인가를 구별할 수 있는 분이 탄원서를 작성하여야 효과적일 수 있습니다.

중이 제 머리를 못 깎는다는 말이 있듯이 피의자나 피고인이 스스로 탄원인이 되어 자신을 위한 선처를 호소할 사안이 있을 수 있지만, 사안에 따라서는 다른 제3자가 피의자나 피고인을 위한 탄원을 하는 것이 효과절일 때가 있습니다.

탄원서는 피의자나 피고인이 자신을 위한 탄원서를 작성하는 것보다 제3자인 가족이나 지인 또는 직장동료가 탄원하는 것이 훨씬 효과적입니다. 탄원서는 가족이나 지인 또는 직장동료가 작성하는 것보다 피해자가 피의자나 피고인을 위하여 선처를 호소하는 탄원서가 더욱 효과적입니다.

피해자가 작성하는 탄원서는 선처를 호소하거나 엄벌을 호소하는 탄원서는 가장 효과적입니다. 가능하다면 탄원서는 피해자의 인감증명서를 첨부하여 피의자나 피고인을 위해 작성하는 탄원서는 효과가 으뜸입니다. 반대로 피해자가 작성하는 엄벌 탄원서 또한 효과적이므로 탄원서를 작성해 내는 것도 도움이 되겠지만 피해자로 하여금 엄벌 탄원서가 들어가지 않도록 각별히 조심해야 합니다.

4. 탄원서에 들어가야 할 내용

탄원서에는 사건별로 양형자료가 다르고 진행경과 및 효과적인 접근방법에 따라서도 양형자료가 다를 수 있고 매우 다양하므로 모든 사건에 공통적인 모범적 예시를 제시한다는 것은 불가능합니다. 그러나 탄원서는 피의자나 피고인이 자행한 그 범행에 따라 피의자나 피고인이 직접 탄원서를 쓸 수도 있고 다른 사람이 대신 선처를 호소하는 것이 더욱 효과적일 수 있습니다.

내용에는 누가 작성하든 탄원인의 사회적 유대관계를 보다 분명히 하여야 하고, 무엇보다도 진지한 반성의 모습이 필요하며, 부양할 가족이 많음을 드러내어야 하고, 부양가족에게 곤경을 가져다 줄 수 있다는 것도 설명하고, 재범가능성보다 개선가능성이 높다는 것을 보여주어야 하고, 범죄전력이 없는 초범이라고 설명하고, 피해복구에 관한 어떤 노력을 다했는지 그 결과로 피해복구를 어떻게 하였다는 것인지는 일반양형인자 중 감경요소에 포함되는 요소이므로 선처를 호소하기 위해서는 탄원서에 기재하고 적극적으로 양형에 정상이 참작될 수 있도록 탄원서에 들어가야 합니다.

탄원서를 읽고 도움을 줄 수 있는 분이 탄원서를 통하여 진실만을 사실그대로 기재한 것으로 믿고 탄원서를 끝까지 읽어내려 갈 수 있도록 핵심사항만 잘 전달하는 것이 매우 중요합니다. 탄원서는 감정에 호소하는 글이라는 점 때문에 진정성 있게 작성하는 것이 중요하므로 악필이라 무슨 말을 썼는지 도저히 읽을 수 없을 정도라면 탄원서의 첫머리에 악필이라 점을 설명하고 컴퓨터에서 탄원서를 작성한다는 뜻을 기재하고 제출하더라도 그렇지 않은 경우 탄원서는 자필로 작성하는 것이 좋습니다.

5. 진실만을 기재

많은 분들은 선처를 받으려는 목적으로 사실과 다른 내용을 탄원서에 쓰는 분들이 굉장히 많습니다. 한 가지 중요한 양형자료를 왜곡하게 되면 그 다음에 기재되는 탄원내용이 양형자료에 부합하지 않게 되어 믿기 어려운 탄원내용으로 인정되기 십상이므로 다시 그 다음의 탄원내용도 왜곡해야 하는 악순환이 반복되어 결국 허위의 양형자료로 인정될 가능성이 농후하므로 탄원서에는 진실만을 기재하여야 합니다.

역사적 사실들을 많이 그것도 정확하게 알아야 역사적 인물에 대한 평가를 할 수 있듯이 피의자나 피고인의 애틋한 사정을 호소하는 때에는 탄원내용을 보다 자세하게 잘 정리하고 탄원서에 기재된 양형자료는 어떤 이유로 사실임을 인정할 수 있는가를 설명하고 이해시켜야 효과적입니다.

피의자나 피고인들은 사건과 관련하여 자신의 기억 속에 다 들어있으므로 탄원서에서 이런 말 저런 말을 두서없이 해도 자신은 이해할 수 있지만 탄원서를 읽고 도움을 줄 수 있는 분은 무슨 뜻인지 이해할 수 없습니다. 따라서 어떤 도움을 청하고 어떤 탄원내용으로 양형자료를 제시하려면 탄원서를 읽고 도움을 줄 수 있는 분이 양형자료를 이해할 수 있는 탄원내용을 먼저 탄원서에 기재하고 설명하여야 합니다.

탄원서에 적어야 할 양형자료가 어떤 것인가는 사건마다 다르고 탄원내용마다 다르기에 어떤 것들이라고 설명하기란 어렵지만 양형자료는 탄원서를 읽고 도움을 줄 수 있는 분이 양형자료를 한눈에 볼 수 있고 즉석에서 확인이 가능하고 조사할 수 있도록 작성해야 효과적입니다.

6. 진지한 반성

  피의자나 피고인이 잘못을 인정하고 다시는 이러한 범행을 저지르지 않겠다는 노력을 탄원서를 통하여 보여주어야 합니다. 잘못을 뉘우치는 진지한 반성의 모습을 보여주시면 형을 정하는데 양형자료는 물론이고 감경 사유가 될 수 있습니다.

  진정성 있는 반성의 모습과 진심에서 우러나오는 뉘우치는 모습을 보여주시면 초동수사를 담당하는 사법경찰관으로 하여금 정상을 참작할 수 있게 되고, 검사로 하여금 구형량을 줄일 수 있고, 재판장이 양형을 정하는데 정상을 참작할 수 있습니다.

  그러나 진지한 반성의 모습은 피의자나 피고인이 진정성 있는 반성의 태도와 마음에서 우러나오는 그 잘못을 깊이 뉘우치는 모습을 보여주어야 합니다.

  탄원서는 첫째도 반성이고, 둘째도 반성이고, 셋째도 반성입니다.

  절대 탄원서에는 피해자를 탓하거나 원망하는 말은 기재하여서는 안 됩니다.

제2장. 형법 제51조(양형의 조건)

형법 제51조 양형의 조건에 따르면 판사가 형을 정할 때 범죄의 결과만 볼 것이 아니라 형을 정함에 있어서는 다음 사항을 참작하여야 한다고 규정하고 있습니다.

① 범인의 연령, 성행, 지능과 환경

② 피해자에 대한 관계

③ 범행의 동기, 수단과 결과

④ 범행 후의 정황

형법 제51조 양형의 조건에 의하여 피의자나 피고인의 양형이 정해지기 때문에 탄원서를 통하여 양형자료로 형을 정함에 있어 참작할 사유를 설명하고 검사나 판사의 심증을 움직이는 데 초점을 맞추고 이해할 수 있도록 탄원서를 작성해야 합니다.

초동수사를 담당하는 사법경찰관도 피의자를 상대로 형법 제51조 양형의 조건에 따라 조사를 하고 범죄혐의 인정되어 검찰로 송치하고 검사도 형법 제51조 양형의 조건에 따른 판단으로 구형량을 정하고, 범죄혐의 유죄로 인정되면 공소를 제기하고, 법원의 담당 재판장도 형법 제51조 양형의 조건에 따라 피고인에 대한 양형을 정합니다.

형사사건은 사법경찰관이나 검사나 판사가 마음대로 피의자의 구형량을 정하고 재판장이 피고인의 형을 정하고 유무죄로 판단하는 것은 아닙니다. 누가 양형자료에 맞게 탄원서를 잘 써 내느냐에 따라 검사가 공소를 제기할 때 구형량을 줄일 수 있고, 판사의 양형을 줄일 수 있는 것이지 탄원서만으로 유죄가 되고 무죄가 되는 것은 절대 아닙니다.

검사나 판사도 사람이기 때문에 피의자나 피고인에 대한 구형량을 정하고 형을 정할 때 일반양형인자 중 감경요소를 잘못 판단할 수도 있고 아예 발견을 하지 못하는 경우도 있을 수 있습니다. 이러한 경우를 대비하여 피의자나 피고인이 탄원서를 통하여 피의자나 피고인에 대한 양형자료의 일반양형인자 중 감경요소를 구체적으로 제시하고 양형을 정하는데 적극적으로 반영해 달라고 하는 것이 탄원서의 목적입니다.

1. 연령

탄원서를 통하여 피의자나 피고인의 연령을 상기시킬 필요가 있습니다. 왜냐하면 피의자나 피고인의 연령은 수사기록에도 나와 있지만 고령이라는 사실을 검사가 구형량을 정할 때나 판사가 양형을 정할 때 놓치는 수가 많으므로 탄원서에서 자연스럽게 연령을 밝혀두는 것이 좋습니다.

2. 성행

성행을 탄원서에 기재하는 것은 피의자나 피고인이 지니고 있는 성격이나 성품과 성질를 보고 재범의 우려보다는 개선가능성이 높은지를 살피고 재범을 저지르지 않을 것으로 확신을 가지고 양형자료로 반영하기 위해서입니다.

수사과정에서 작성된 조서내용을 읽어보면 대부분 피의자나 피고인이 지니고 있는 성행은 그렇게 좋은 것으로 조사가 꾸며지지 않습니다. 조서에서 성행이 누락되거나 매끄럽지 못하게 성행이 기재되어 있을 수 있으므로 탄원서를 통하여 지금까지 무슨 일을 하고 가족을 부양하며 남보다 더 열심히 선행을 베풀며 살아왔다는 것을 설명하여야 심증을 움직일 수 있습니다.

유죄로 인정된 피고인에 대하여 판결하기 전 피고인의 성장과정, 성행(성품이나 행실) 등을 조사해 양형의 기초자료로 활용하기 때문에 피고인으로서는 탄원서를 통하여 어떤 환경에서 자랐는지, 피해복구는 얼마나 이뤄졌는지, 피해복구를 위하여 어떤 노력을 다했는지를 구체적으로 기재하여 제출하시면 재범 위험성을 객관적으로 따져 볼 수 있을 뿐만 아니라 합리적으로 양형을 판단할 수 있도록 탄원서에 기재하여 제출하는 것이 좋습니다.

3. 지능

탄원서에 피의자나 피고인의 지능을 형법 제51조 양형의 조건에서 법적으로 정해놓고 지능을 기재하도록 한 것은 피의자나 피고인의 문제에 대해 합리적으로 사고하고 해결하는 인지적인 능력과 학습 능력을 포함한 총체적인 능력을 지능에서 발견하고 이 사건 판결이 선고된 이후에도 피의자나 피고인의 지능으로 재범을 하지 않고 열심히 살아갈 수 있을 것이라는 능력을 보고 양형 자료로 삼기 위해서입니다.

그러므로 피의자나 피고인은 탄원서를 통하여 어떤 능력을 가지고 있고 어떤 기술을 가지고 있으며 어떤 자격증을 보유하고 어떤 직업을 가지고 있으므로 재범의 우려보다는 개선가능성이 높다는 것을 구체적으로 기재하면 양형을 판단하는데 상당한 도움을 받을 수 있습니다.

피의자나 피고인이 지니고 있는 지능에서 개선가능성을 발견하고 환경에 서는 피의자나 피고인이 현재 처한 생활환경을 보고 사회에 돌아가더라도 재범을 하지 않고 열심히 살아갈 수 있다는 확신을 가지고 양형에 반영하는 자료로 삼는 것입니다.

4. 환경

피의자나 피고인의 가정환경은 양형을 정하는 데 가장 중요합니다. 가정환경은 자기 소개할 때처럼 기재하면 글의 분량이 늘어나고 복잡해 질 수 있으므로 가정환경에 어떤 어려움이 있었는지, 피의자나 피고인이 부양하고 있는 가족관계는 어떻게 되는지 간략하게 쓰는 것이 도움이 됩니다. 또한 불우한 가정환경에서 어떻게 성장하게 되었는지 현재 선처를 호소할 만한 어려움은 어떤 것인지를 구체적으로 밝혀야 합니다.

예를 들어 검사나 판사가 벌금을 정할 때도 피의자나 피고인의 가정형편을 고려하여 터무니없는 벌금을 선고하지 않습니다.

벌금형 산정의 기초가 되는 피의자나 피고인의 경제력에 대한 정확한 양형을 고려하여 양형을 정할 수 있도록 가정환경을 구체적으로 탄원서를 통하여 설명하고 경제사정을 증명할 증거자료를 첨부하는 것이 좋습니다.

5. 감경요소

대부분의 범죄에 대한 양형기준에 형의 감경요소 중의 하나로 '진지한 반성'을 아예 정해놨습니다. 그러므로 진정성 있는 반성의 모습을 그림을 그리듯 탄원서에 담아내고 선처를 호소하면 양형자료가 되어 도움을 받을 수 있습니다.

피의자나 피고인은 탄원서를 통하여 무턱대고 선처를 호소할 것이 아니라 ① 가족관계 ②성장과정 ③학교생활 ④직업과 경력 ⑤피의자나 피고인이 생각하는 자신의 성격과 장점이나 단점 ⑥범죄경력 ⑦범행이유 ⑧장래계획 ⑨피해복구계획 등을 상세하게 기재하여 제출하시면 검사는 피의자가 제출한 탄원서에서 정상을 참작하고 구형량을 줄일 수 있고, 재판장은 피고인이 제출한 탄원서에서 양형자료로 활용하여 형을 정하는데 정상을 참작하게 됩니다.

탄원서는 탄원서를 읽는 분의 입장에서 작성하여 감동을 받을 수 있도록 작성하는 것이 중요합니다. 예를 들어 피의자나 피고인이 일곱 살 때 아버지를 여읜 뒤 전라남도 나주시 소재 재래시장 모퉁이에서 노점상을 하시던 어머니와 어렵게 어린 시절을 보냈는데 몇 년 전부터 어머니께서 대장암 진단을 받고 몸져눕자 피고인이 노점상에 나가 양말과 모자 등을 팔면서 어머니 병간호를 한 사연을 상세히 탄원서에 적고, 지금 이 시간까지도 피고인을 떠나지 않고 어머니의 병상을 보살피는 약혼녀를 생각해서라도 다시는 범행을 저지르지 않겠다는 약속을 하겠다며 돈이 모자라 변호사를 선임할 수 없었던 사연을 그림을 그리듯 자연스럽게 기재하시면 양형자료가 되어 선처를 받을 수 있습니다.

피의자나 피고인의 이면에 숨겨진 인간을 보고 그에 합당한 벌을 주는 것이므로 피고인이 거짓말을 하지 않았을 것이라는 전제하에 정상을 참작하고 형량을 정하는데 참고할 수밖에 없습니다.

구형량을 정하는 검사나 판결을 선고하는 재판장으로서는 사법경찰관이 작성한 사건의 수사기록만으로 피의자나 피고인의 범죄를 판단하고 구형량을 정하고 판결을 선고한다는 것은 시간적으로 제약이 있고 한계가 있습니다. 그래서 탄원서를 보고 피의자나 피고인이 왜 이러한 범죄를 저질렀고, 판결을 선고한 이후 앞으로 어떻게 살 것인지를 확인하고 피의자나 피고인에게 가장 알맞은 형을 정하고 선고하기 위함입니다.

탄원서는 피의자나 피고인과 검사나 판사가 서로 마주앉아 탄원서를 앞에 놓고 대화하는 것일 수 있습니다. 일일이 피의자나 피고인을 만나서 대화를 한다는 것은 시간적으로 제약이 있습니다. 검사나 판사는 재판이나 수사를 10%정도만 유무죄를 따지는 것이고, 나머지 90%정도는 피의자나 피고인이 작성한 탄원서를 통하여 형량을 정하는 것인데 피의자에 대한 검사가 구형량을 정하고 재판장이 피고인의 형량을 정하기 위한 기초자료는 경찰에서 사법경찰관이 작성한 형식적인 조사가 전부이므로 탄원서를 통하여 양형의 자료를 찾아 피의자나 피고인에게 가장 알맞은 형을 정하려는 것입니다.

제3장. 피해자에 대한 관계

형사사건에 대해서는 피해자에 대한 관계는 양형자료에 있어 매우 중요하므로 반드시 탄원서를 통하여 피해자에 대한 관계를 기재하여야 합니다.

예를 들어 피해자를 몰랐다가 이 사건과 관련하여 알게 되었다거나 피해자가 먼저 원인을 제공하여 일어난 사고라는 점을 설명하거나 느닷없이 피해자가 시비를 붙고 주먹으로 얼굴을 가격하고 발로 걷어차는 것을 피했는데 그만 피해자가 땅바닥에 넘어지면서 머리를 크게 다친 것이라고 부드럽게 물이 위에서 아래로 자연스럽게 흐르듯 기재하시면 됩니다.

제4장. 범행의 동기, 수단과 결과

대부분 범죄혐의 유죄로 인정되는 경우 경찰의 수사기록이나 검사가 공소를 제기한 공소사실을 읽어보면 전혀 생각하지도 못한 내용들로 피의자나 피고인의 범행의 동기가 의도적이거나 계획적으로 어떤 보복성을 가지고 범행을 한 것으로 기재되어 있거나 범행의 동기가 악랄하고 잔인하게 묘사되어 있는 경우들입니다.

당해 사건의 수사관계자는 수사를 통하여 의견서를 작성하고 수사한 것을 토대로 경험을 했기 때문에 범행의 동기가 나쁘게 잘못 됐다는 것을 알 수 있겠지만 사건을 처음으로 대하고 판결을 선고해야 하는 재판장으로서는 검사가 작성한 공소장의 범죄사실만 읽고 편견을 가질 수 있으므로 탄원서를 통하여 재판장의 심증을 움직일 수 있도록 범행에 이르게 된 경위를 설명하고 이해부터 시켜야 합니다.

왜 이러한 범행을 저지른 것인지, 말하자면 불가피하게 그러한 행동을 할 수밖에 없었던 이유를 신중하게 생각하여 기재하여야 합니다. 이미 수사단계에서 피의자신문조서를 받았기 때문에 당시 진술의 내용과 차이가 없도록 설명하는 것이 좋습니다.

범행의 동기가 사실과 전혀 다르게 재판장이 눈살을 찌푸릴 정도로 나쁘게 되어 있으면 그것을 그대로 두고 피의자나 피고인이 스스로 짐작하거나 추측에 따라 선처만 호소할 경우 아무런 도움이 되지 않을 수 있습니다. 탄원서를 통하여 사실관계를 구체적으로 진술하고 범행의 동기가 나쁘게 되어 있는 부분은 부드럽게 설명하고 자연스럽게 희석시킨 후에 선처를 호소하여야 도움을 받을 수 있습니다.

그렇다고 해서 탄원서를 통하여 해명을 구체적으로 잘못 하다보면 사건에서 빠져나가려는 인상으로 비춰질 수 있으므로 조사과정에서 사법경찰관과 약간의 언쟁이 있었고 사법경찰관이 오해하고 범행의 동기를 의도적이거나 계획적으로 기재하고 보복성이 아님에도 앙심을 품고 범행을 한 것으로 기재한 것이지만 실제 이러한 일이 있었고 공소사실에 기재된 범행의 동기와는 전혀 다른 사실이라는 식으로 부드럽게 범행의 동기를 희석시킨 후에 선처를 호소하여야 도움을 받을 수 있습니다.

제5장. 범행 후의 정황

범행 후의 심정과 태도는 양형자료에 있어 중요합니다. 반성과 가책의 유무 또한 양형자료에 있어 매우 중요하게 작용합니다. 피해회복의 정도는 양형자료에 있어 가장 중요하다고 할 수 있습니다. 재판장이 재범의 우려를 판단하는데 중요한 양형자료가 되도록 모든 사항을 탄원서를 통하여 명확하게 밝혀야 합니다.

범행 후의 정황은 사건 이후 피의자나 피고인이 이 사건 범행과 관련하여 스스로 느낀 점을 진정성 있게 설명하고 잘못을 반성하고 뉘우치는 모습으로 기재하시면 됩니다. 물론 조사과정에서 있었던 그 느낀 바를 그대로 후회하는 모습을 보여주는 식으로 작성하시면 됩니다.

사건 이후의 상황을 보다 솔직하게 그림을 그리듯 기재하고 피해회복을 위하여 어떠한 노력을 최선을 다했는지 구체적으로 실명하고 느낌을 기재하시면 됩니다. 피해자의 입장에서 피해복구를 위하여 최선을 다한 그 모습을 설명하면 양형자료에 반영됩니다.

1. 재발 방지의 노력

탄원서를 작성하면서 결코 빠뜨려서는 안 되는 것이 바로 재범을 하지 않겠다는 재범 방지의 노력을 보여주는 것입니다. 탄원서를 읽고 도움을 줄 수 있는 검사나 판사에게 간절히 선처를 호소하고 다시 한 번 기회를 주신다면 다시는 이러한 범행을 저지르지 않도록 어떤 노력을 하며 살아가겠다는 각오와 다짐을 보여주어야 합니다.

아무리 잘 쓴 탄원서라고 하더라도 진지한 반성의 모습과 재범을 하지 않겠다는 노력을 보여주지 않으면 아무런 소용이 없습니다. 피의자나 피고인이 탄원서를 통하여 자신의 범행을 깊이 반성하고 피해자에게 사과하고 피해를 보상하는 등의 행위를 하면 양형자료가 되어 양형을 감경받거나 줄일 수 있습니다.

누가 탄원서를 작성하든 피의자나 피고인에게는 재범의 우려보다는 개선가능성이 아주 높다는 사실을 재판장에게 확고하게 심어주는 것이 선처의 확률을 높일 수 있습니다.

제6장. 진정성 있게 작성하려면

진정성 있게 피해자에게 사죄하는 것은 무엇을 잘못했는지 정확하게 복기하는 것입니다. 자신의 잘못을 있는 그대로 담지 않은 피해자에 대한 사죄는 나중에 책임 소재의 문제나 법적 분쟁에서 벗어나려는 것을 염두에 둔 행동에 그칠 뿐입니다.

피해자에 대한 사죄에 방어적인 조건을 달면 변명이 돼 그 탄원서는 진정성을 상실하고 탄원의 효력을 기대할 수 없습니다. 피해복구를 돈이 없어서 합의를 못하는 형편이라면 피해복구를 위한 그 노력을 보여주어야 진정성이 인정되어 정상을 참작할 수 있습니다.

피해자에게 사죄하는 것은 말로 그치는 것이 아닙니다. 진정성 있게 하려면 같은 문제가 재발하지 않을 것이라는 확신을 줄 수 있어야 합니다. 잘못을 사죄하는 피의자나 피고인이 책임을 통감하고 피해자가 입은 피해를 복구하는 것도 매우 중요합니다. 하지만 더 필요한 자세는 다시는 이런 일들이 일어나지 않게 하겠다는 재범 방지의 약속을 하는 그 마음입니다.

진정성은 삶 자체가 진실하고 행동이 가식적이지 않는 사람에게 붙여지는 수식어라 할 수 있습니다. 잘못에 대한 선처를 받으려면 신뢰가 바탕이 되어야 합니다. 그 신뢰를 입증하는 길이 바로 진정성입니다. 진정성은 더 이상의 신뢰사항이 아닌 탄원서에는 필수 요소가 되었습니다.

그 어느 때보다도 탄원서를 작성하는 이유부터 더욱 진정성을 필요로 하는 시대에 살고 있기 때문입니다.

피의자나 피고인이 탄원서를 통하여 선처를 호소하는 양형자료가 진실이라고 생각하는 것이 다른 사람이 볼 때 진실이 아닐지도 모릅니다. 자칫 탄원서를 잘못 작성하면 그것을 철저한 가식이라고 여길 수도 있습니다.

하지만 진정성을 이루는 것은'진실한 것은 무엇이든 소중하다'는 것이므로 진정성은 타고나야만 하는 품성은 아닙니다. 누구나 끊임없이 자기성찰과 개선을 통해서 갖출 수 있습니다. 그 사람의 진정성은 그 사람이 살아온 과정을 보면 되기 때문에 탄원서에서 진정성을 중요하게 생각하는 것입니다.

위선과 가식으로 포장된 것이 아니라 피의자나 피고인이 살아온 삶 자체가 진실하였는지를 보는 것이므로 탄원서는 진정성 있게 작성하는 것입니다.

피의자나 피고인에게 올바른 자신만의 원칙과 기준을 가지고 있다면 원칙과 기준이 있었다면 그런 물의를 빚는 범행을 저지르지 않았을 것입니다.

사회가 공정하다는 것은 상식적 수준의 원칙이 바탕이 돼야 합니다. 따라서 상식의 선에서 눈높이를 맞추려면 개개인이 삶의 원칙을 정립해야 합니다. 이러한 원칙이 정립되면 일상생활에서 서로 문제가 발생했을 때 사안을 판단하는 기준이 되며, 여러 만나는 사람들에 대한 평가의 기준이 됩니다. 삶의 원칙을 정하라는 말의 의미는 인간관계의 딜레마에 빠지지 말고 자신이 우선하는 가치에 따라 원칙대로 행동하라는 뜻입니다.

삶에 있어서 중요한 것이 무엇이고, 그것을 지켜나가기 위한 원칙을 세워보고, 그 원칙에 따라 행동해보고. 그리고 일어났던 일들에 대해서 자신만의 원칙으로 사안들을 바라보면 진정성을 갖춘 새로운 삶이 시작됩니다.

탄원서를 진정성 있게 작성하여야 한다는 것은 탄원서를 읽고 도움을 줄 수 있는 분이 피의자나 피고인이 정성을 다한 모습으로 진심을 보고 양형의 판단자료로 삼아 정상을 참작하기 위한 것입니다.

그래서 탄원서를 작성하는 분이 탄원서를 읽고 도움을 줄 수 있는 분에게 진정성을 보이기 위해 탄원서를 자필로 작성하여 진정성을 얻고 도움을 받으려고 하는 것입니다. 진정성을 보이는 것도 중요하지만 악필이어서 무슨 말을 썼는지 읽을 수 없을 정도의 악필이라면 탄원서의 첫머리에 악필이라는 문구를 넣고 컴퓨터를 통하여 작성한다는 뜻을 설명한다면 진정성을 얻을 수 있습니다.

제7장. 탄원서 최신서식

【탄원서(1)】 강제추행혐 블랙박스 동영상자료첨부 혐의 없다며 신고 여성을
무고죄로 처벌해 달라는 탄원서

탄　　　　원　　　　서

사　건　번　호 : ○○○○년 형제○○○○호　강제추행

피　의　자 : ○　　　○　　　○

수원지방검찰청 ○○○검사님 귀중

탄 원 서

1. 탄원인(피의자)

성 명	○ ○ ○	주민등록번호	생략
주 소	수원시 ○○구 ○○로 ○○,○○○-○○○호		
직 업	회사원	사무실 주 소	생략
전 화	(휴대폰) 010 - 1345 - 0000		
기타사항	○○○○형제○○○○호 강제추행		

2. 탄원의 취지

상기 피의자는 수원지방검찰청 ○○○○년 형제○○○○호(수원경찰서 ○○○○형제○○○○호) 강제추행 피의사건의 피의자로서 담당 검사님께 아래와 같이 탄원하오니 피의자에게 무혐의처분을 내려 주시기 바랍니다.

3. 탄원의 요지

(1) 무혐의 처분 호소

○ 먼저 존경하는 검사님께서 항상 사법적 정의구현 노력에 깊은 감사의 말씀부터 드립니다.

○ 저는 ○○○○. ○○. ○○. ○○:○○시에 수원경찰서에서 강제추행혐의로 조사를 받고 수원지방검찰청으로 송치된 피의사건에 대하여 감히 고명하신 검사님께 사건의 경위를 말씀드리고 무혐의처분을 내려 달라고 호소하게 되어 정말 죄송하게 생각합니다.

○ 제가 검사님께 탄원서를 작성해 무혐의처분을 내려 달라고 호소하게 된 것은 누구로부터 부탁을 받거나 타의적으로 작성한 것이 절대 아니며 이 탄원서는 사실 그대로 숨김과 보탬이 없는 전적으로 저의 내면에서 우러나오는 자발성에서 이뤄진 것임을 아울러 말씀드리겠습니다.

(2) 범죄혐의 인정 회유 등

○ 피의자는 회사에서 업무관계로 늦게까지 업무를 마치고 직장동료들과 너무 늦은 시간대라 포장마차에 들러 우동을 한 그릇씩 먹고 제가 거주하고 있는 회사 근처 오피스텔로 가기위해 골목길을 지나고 있던 중 마주오던 여성을 멀리서 확인하고 우측으로 붙어 가던 길을 걸어가고 있었습니다.

○ 하지만 아무렇지 않게 지나친 여성이 갑자기 뒤돌아서서 저의 멱살을 잡으며 자신의 엉덩이를 추행하였냐며 소리를 질렀고 인근 건물 안에 있던 사람들이 나와서 저를 붙잡고 112신고를 하여 저는 꼼짝 없이 ○○경찰서 소속 지구대로 끌려갔습니다.

○ 지구대로 끌려간 저는 밤늦게까지 일을 하느라 술을 마시지도 않았고 억울함을 밝히면서 결백을 상세히 털어놓았습니다.

○ 그러나 조사관은 저의 진실은 아랑곳하지 않고 그 여성이 둘러대는 거짓말만 의존한 채 제가 길을 걸어가던 중 마주오던 여성이 보여 충동적으로 여성을 추행한 것이 아니냐며 온갖 추측성 말과 강압적인 분위기에서 저를 몰아 새웠고 또 조사관은 저에게 아무것도 아니니 그만 인정하고 합의하면 아무 일도 없을 것이라고 회유하기도 했습니다.

(3) 차량블랙박스 동영상 확인

○ 저는 처음 당해보는 일이라 담당 경찰관이 하는 말에 혼들리기는 하였으나 없었던 것처럼 조사를 꾸며 덮으려는 조사관이 너무나 괘씸하여 혐의 사실에 대하여 완강히 부인한 후 구체적인 진술을 마치고 나왔습니다.

○ 탄원인은 집으로 돌아와서도 억울하고 분해서 밤새도록 한잠도 못자고 뜬눈으로 보내고 직장으로 오는 길에 현장주변에서 증거를 찾아 저의 무고함을 주상하려고 하였으니 너무 늦은 시각에 발생한 사건이기 때문에 목격자가 존재하지 않았을 뿐더러 주변에는 CCTV 조차 설치되어 있지 않아 이대로 진행하다간 결국 혐의사실을 인정하고 피해를 받지도 않은 여성과 울며 겨자 먹기로 합의까지 보고 최대한의 선처를 구하는 방법으로 사건을 진행해야 할 수도 있었습니다.

○ 직장에서 동료들과 어제 저녁에 생긴 일에 대해 의논을 하였는데 한 직장동료가 하는 말이 CCTV가 설치되어 있지 않는다면 현장주변에 주차한 차량들이 있었는지 그 차량에 설치된 블랙박스 영상을 확인하면 저의 진실이 밝혀질 수 있다는 말을 듣고 저는 곧바로 현장주변으로 달려갔는데 그곳에서 모션감지녹화기능이 설치되어 있는 차량을 찾아 녹화되어 있던 당시의 현장영상을 확인하게 되었는데 약간 거리가 있어 명확하게 저와 인상착의는 구분이 되지 않지만 저의 진술과 같이 한 남성이 여성이 걸어오자 우측으로 붙어서 걸어가는 모습과 이후 여성이 갑자기 남성을 낚아채는 장면이 고스란히 촬영되어 있었습니다.

(4) 신고한 여성 무고죄로 처벌요구

○ 그렇다면 피의자는 아무런 혐의가 없음에도 그 여성이 저를 처벌받게 할 목적으로 허위의 사실을 적시하여 신고한 것이 분명한 이상 그 여성을 무고죄로 처벌해 주시기 바랍니다.

○ 이에 대한 블랙박스영상자료를 증거자료로 제출하오니 면밀히 검토하시어 피의자에게 무혐의처분을 내려 주시어 피의자에 대한 명의회복을 해 주시기 바랍니다.

○ 탄원인은 이런 일로 직장에서나 심적으로나 정신적으로 엄청난 고통을 받아야 했습니다.

○ 다시는 저에게 이런 일이 생기지 않았으면 하는 마음으로 검사님께 현명하신 판단을 호소하오니 저에게 무혐의처분을 내려주시고, 그 여성에게는 무고죄로 엄벌에 처하여 법에 준엄함을 깨달을 수 있도록 해 주시기 바랍니다.

4. 소명자료 및 첨부서류

(1) 증 제1호증   블랙박스영상자료
(2) 증 제2호증   재직증명서

○○○○ 년 ○○ 월 ○○ 일

위 피의자(탄원인) : ○ ○ ○ (인)

수원지방검찰청 ○○○검사님 귀중

탄 원 서

신 청 인(탄원인) :　○　　　○　　　○

전주지방법원 회생단독 귀중

탄 원 서

1. 신청인(채무자)

성 명	○ ○ ○	주민등록번호	생략
주 소	전주시 ○○구 ○○로 ○○, ○○○호		
직 업	공원	사무실 주 소	생략
전 화	(휴대폰) 010 - 3498 - 0000		
기타사항	○○○○회단○○○○호 개인회생		

2. 탄원의 취지

　상기 신청인은 전주지방법원 ○○○○회단○○○○호 개인회생사건의 신청인(채무자)으로서 아래와 같은 사정으로 재판장님께 탄원서를 제출하오니 깊이 통찰하시어 신청인을 선처해 주시기 바랍니다.

3. 탄원의 요지

(1) 존중하는 재판장님께 올립니다.

　　○ 신청인은 전라북도 군산에서 태어나 군산상고를 졸업하고 전주로 상경하여 알루미늄새시를 제조하는 주식회사 ○○금속에 입사하였습니다.

○ 입사 당시에는 매출구조가 제품을 수출에 주력하기 보다는 내수시장에 집중하는 구조였으나 입사 후 해외 수출시장을 개척하여 당시에는 적지 않은 매출의 성과를 올리는 성장을 시켰습니다.

○ 개발에 힘쓰며 인맥을 넓히고 건축자재에도 깊은 관심을 가지고 일을 하다가 퇴직하여 바로 건축자재를 생산하는 주식회사 ○○창호건설을 설립하고 큰 건설회사에 건축자재를 납품하는 등 탄탄한 기술력을 갖추게 되어 중소업체로서는 전문 건설업계에서 인정하는 확실한 위치까지 오르게 되었습니다.

○ 그렇게 회사를 운영해 나가던 중, ○○○○년도부터 매출의 70%이상을 차지하는 ○○건설과의 거래가 원활하지 못하여 매출감소가 발생하였지만 재빠른 대응으로 이를 ○○건설 주식회사 등으로부터 더 많은 공급계약이 체결되어 손실을 크게 줄일 수 가 있었습니다.

(2) 자비로우신 재판장님!

○ 그러나 ○○○○년도 초 글로벌 금융위기로 인한 국내 건설경기 하락과 이에 따른 금융시장 위축, 건설회사의 덤핑수주로 인하여 공사단가의 하락, 공사대금의 장기어음결제(6개월)등의 기타사유로 건설회사의 전반의 수익성이 악화되어, 주요 거래처인 ○○건설 주식회사가 부도나고, 주식회사 ○○건설은 워크아웃을 하는 사태가 발생하고 말았습니다.

○ 이로 인하여 금융업계에서 공사대금을 실사하는 기간 동안 공사대금을 받지 못하였고, 이마저도 수익성이 없다는 이유로 타 건설화사로 현장 자체가 매각되면서 선 투입된 자재 및 공사대금을 새롭게 인수한 건설사는 이를 인정할 수 없다는 건설회사 들의 관례로 인하여 막대한 신청인으로서는 말로 표현할 수 없을 정도의 큰 손해를 입을 수밖에 없었습니다.

(3) 은혜로우신 재판장님!

○ 이어 ○○○○년도는 ○○산업과 ○○건설 주식회사가 워커아웃에 들어가는 바람에 회사에서 발주했던 거래선의 80%이상이 워커아웃에 들어가게 되었습니다.

○ 대기업은 워커아웃에 들어가면 금융기간 협약, 기타의 방법으로 자금지원 채무탕감, 금융비용 지원 등으로 지원해 주지만 하도급 일을 맡아하는 중소건설업체에서는 그런 지원자체가 없어 앞에서 말했듯이 실사하는 기간에는 정기적인 결제가 이루어지지 않고 공사대금 또한 실사중이란 이유로 8개월 이상 미루어져서 지급하고, 기간어음도 자금사정을 이유로 들며 3개월에서 6개월로 연장되어 지급하는 편이였습니다.

○ 여기에 선 투입된 공사와 자재는 인정하여 주지도 않고 거기에 공사대금을 10%~20%정도 감액을 요구하는 바람에 중소 건설업체가 도산하는 현실에서 채무자가 운영하는 회사는 금융권의 신용대출 없이 순수한 채무자 본인의 부동산담보로 대출받아 운영해 오면서 자금이 필요하면 지인들에게 임시로 차용하여 그 때 그 때 해결하고 나중에 결제금이 들어오면 변제하면서 이제까지 견디어 왔으나 지금과 같은 이중으로 어려움을 당하게 되었습니다.

(4) 존경하는 재판장님!

○ 회사를 운영하던 책임자로 회사를 정상적으로 끌고 가기 위해 살고 있는 아파트, 부동산, 사채 등 돈이 될 만한 모든 방법을 동원하였으나 거래하고 있던 회사들의 부실로 인하여 매출액 감소, 금융비용 증가, 영업환경 악화, 건설경기 침체로 인하여 계속하여 운영하기가 어렵다는 결론을 내리게 되어 회사를 포기하고 시간이 지나 세무서 직권으로 폐업처리가 되는 상황에 까지 이르렀습니다.

○ 회사 포기 후 한 동안 실의에 차 있던 채무자를 그 동안의 쌓았던 경

력을 인정하여 ○○산업 주식회사에서 입사제의가 들어와 현재 회사에서 자문 역할을 하고 간신히 먹고 살아가고 있는 실정입니다.

(5) 자비로우신 재판장님!

○ 제가 회사를 운영하기 위해서 여기저기서 많은 돈을 끌어다가 투자하였지만 회사가 잘못되는 바람에 회사의 빚을 신청인이 고스란히 부담해야 하는 지경에 이르러 주변에서 신용회복위원회에 찾아가 상담을 해 보라는 말을 듣고 신용회복위원회로 찾아가 상담을 하였는데 개인회생이 어렵다는 말을 듣고 이렇게 존경하는 재판장님께 채무의 짐을 내려놓을 수 있는 기회를 주신다면 그 은혜를 디딤돌로 삼아 남은 삶을 더 열심히 살고 또한 기회가 주어진다면 사회에 은혜를 갚는 삶을 살아갈 것을 다짐하오니 부디 선처하시어 혜량을 베풀어 주셨으면 고맙겠습니다.

○ 지금까지 저만 바라보고 한 번도 힘이 든다고 내색도 하지 않고 착하게만 살아온 우리 아이엄마와 어린 아이들의 떳떳한 가장으로서 열심히 살아갈 수 있는 기회를 주셨으면 하는 마음 간절하여 이렇게 자비로우신 재판장님께 선처를 간절히 호소합니다.

4. 소명자료 및 첨부서류

(1) 부채증명서   1부
(2) 가족관계증명서   1부
(3) 신청인에 대한 인감증명서   1통

○○○○ 년 ○○ 월 ○○ 일

위 신청인(탄원인) : ○ ○ ○   (인)

전주지방법원 회생단독 귀중

【탄원서(3)】 음주운전 수사 중에 있는 피의자의 지인이 검사님께 어쩔 수 없는 사정으로 벌금감액 선처호소 최신서식

탄 원 서

사 건 번 호 : ○○○○년 형제○○○○호 음주운전

피 의 자 : ○ ○ ○

탄 원 인 : ○ ○ ○

창원지방검찰청 ○○○검사 귀중

탄 원 서

1. 탄원인

성 명	○ ○ ○	주민등록번호	생략
주 소	김해시 ○○로 ○○, ○○○-○○○호		
직 업	상업	사무실 주 소	생략
전 화	(휴대폰) 010 - 3453 - 0000		
기타사항	창원지검 ○○○○형제○○○○호 음주		

2. 탄원의 취지

상기 탄원인은 창원지방검찰청 ○○○○년 형제○○○○호 도로교통법위반 (음주운전)으로 수사 중인 피의자 ○○○에 대한 지인으로서 아래와 같은 애틋한 사유로 담당 검사님께 탄원하오니 부디 피의자를 선처해 주시기 바랍니다.

3. 탄원의 요지

(1) 존경하는 담당 검사님께 드립니다!

○ 먼저 존경하는 담당 검사님께서 항상 사법적 정의구현 노력에 깊은 감사의 말씀을 드립니다.

○ 제가 감히 수사를 담당하시는 검사님께 저의 입장을 밝히고 피의자의 선처를 부탁드리는 것을 허용해 주시리라 믿고 싶습니다. 죄송합니다.

○ 우선 탄원인이 피의자의 선처를 호소하기 위하여 탄원서를 작성하게 된 것은 누구로부터 부탁을 받거나 타의적으로 작성한 것이 절대 아니며 사실 그대로 숨김과 보탬이 없이 전적으로 저의 내면에서 우러나오는 자발성에서 이뤄진 것임을 분명하게 말씀드리겠습니다.

○ 직무에 바쁘실 텐데 이렇게 피의자에 대한 선처를 호소하게 되어 정말 죄송하게 생각합니다.

(2) 자비로우신 검사님!

○ 저는 ○○년 전부터 김해시내에서 조그마한 횟집을 운영하면서 매일같이 활어 운송차량으로 탄원인에게 늘 신선한 활어를 공급해주던 피의자 ○○○를 알게 되어 서로 나이도 비슷하고 생각하는 것도 비슷한 점이 많아 우리 둘은 정말 거래관계 그 이상으로 친한 사이로 좋은 관계를 유지해 왔었습니다.

○ 탄원인은 현재까지도 횟집을 운영하고 있습니다만, 피의자도 새벽에 마산어시장까지 가서 신선한 활어만 운송해 탄원인을 비롯해 수많은 거래처에 공급하고 있습니다.

○ 저희는 친형제 이상으로 친하게 지내는 관계로 가족관계는 물론이고 가정형편까지도 어느 정도는 알고 무슨 일이 생기면 어김없이 터놓고 의논을 하는 남들이 부러워할 정도로 사이가 돈독했습니다.

○ 우연히 김해시내 재래시장에서 시골에서 올라오신 친척들과 점심식사를 하기 위해 순대국 집을 갔었는데 그 곳 주방에서 그릇을 행구고 허드렛일을 하시는 피의자의 아내를 보았습니다.

(3) 존경하는 우리 검사님!

○ 저는 영문도 모르고 주방으로 달려 들어가 피의자의 아내를 데리고 가까운 커피전문점으로 무조건하고 갔습니다.

○ 피의자의 아내로부터 피의자의 가정형편이 매우 어렵다는 말을 전해 듣고 가슴이 아파 이렇게 염치불구하고 제가 피의자의 가족에게 도움을 줄 수 있는 것은 이것밖에 없다는 생각만 하고 존경하는 담당 검사님께 피의자에게 선처를 호소하게 된 것입니다.

○ 피의자가 취급하는 것이 해산물이고 활어라는 특색도 특색이지만 활어를 취급하는 경쟁자가 거래처에 이상한 헛소문을 퍼트리는 등 안 좋은 소문을 듣고 여기 저기 헛소문의 진원지를 찾아다니다가 결국 헛소문을 퍼트린 사람은 찾지 못하고 거래처의 사장님의 오해를 풀어주기 위해 만나 술을 마신 후 귀가하기 위해 대리운전을 불렀는데 대리운전기사가 김해시내에서 영업하는 사람이 아닌 부산에서 영업하는 대리기사라 길을 잘 몰라 대리운전기사가 서있는 곳으로 차량을 이동하기 위해 약 7미터를 채 가지도 못한 곳에서 단속하던 경찰관에 의하여 음주운전으로 단속이 되었다고 합니다.

○ 무엇보다도 피의자는 앞서 음주운전의 전력이 있어서 잘못에 대한 두려움도 두려움이지만 피의자는 어린 딸아이와 식당에서 허드렛일도 마다하지 않고 피의자만 바라보는 아내와 온 가족의 부양문제로 몹시 가슴아파하는 것을 보고 남에 일 같지 않았습니다.

○ 가정형편이 어려워서 어린 아이들의 학비라도 벌어야겠다는 생각으로 식당에서 허드렛일을 하신다는 말을 듣고 탄원인으로서는 정말 가슴이 아팠습니다.

(4) 은혜로우신 우리 검사님!

○ 탄원인이 알고 있는 피의자는 가정형편이 어려워도 틈틈이 사회봉사활동도 빠지지 않았습니다.

앞서 음주운전으로 적발된 이후로는 집에서 고생하는 아내와 어린 딸아이의 걱정으로 술도 절제하고 음주운전을 하지 않았는데 음주운전을 하였다는 것은 필시 다른 문제나 이유가 있었다고 봅니다.

지금까지 탄원인이 우리 피의자를 옆에서 지켜보았지만 피의자는 법 없어도 착하게 살 사람이었습니다.

피의자는 가족들과 늘 다복하고 행복하게 살았습니다.

○ 탄원인이 이러한 피의자의 가정을 부러워할 정도로 피의자의 가정은 아무런 문제가 없었는데 피의자에 대한 헛소문 때문에 괴로워하다가 결국 또 술을 마시고 어쩔 수 없는 사정으로 대리기사가 있는 곳으로 차량을 이동하다가 적발되어 행복한 가정이 무너져 내리는 것을 보고 탄원인으로서는 정말 가슴이 아픕니다.

○ 피의자의 가족이 어려움을 겪고 있다는 사실을 알고 피의자를 도우려 해도 도울 길이 없다는 것이 지인의 심정으로 정말 가슴이 미어질 것만 같습니다.

(5) 자비로우신 우리 검사님!

○ 피의자는 지금 이 시간에도 자신의 잘못을 깊이 뉘우치고 참회의 눈물로 많은 것을 반성하고 있었습니다.

○ 진심으로 가족들 앞에서 피눈물을 흘리면서 회개하고 잘못된 생각을 뼈저리게 뉘우치고 반성하는 모습도 보았습니다.

○ 그래도 어린 딸아이와 자신의 아내를 위하여 자숙하고 열심히 살려는 모습을 보고 탄원인도 안타까운 마음을 숨길 수 없어서 마음속으로 얼

마나 울었는지 모릅니다.

○ 비록 가진 것이 없다고 해서 비관하지 않고 가족들의 생계 걱정을 하며 술을 끊겠다고 딸아이와 약속하는 모습으로 가족 모두는 아빠인 남편을 이해한 가족들이 정말 아름답고 행복해 보였습니다.

(6) 존경하는 담당 검사님!

○ 법을 어긴 피의자는 자신의 행위에 합당한 죄과를 치르는 것이 당연한 것으로 보입니다.

○ 그러나 인간적인 측면에서 피의자의 가족은 끼니를 걱정할 정도로 매우 형편이 어려운 것을 탄원이 옆에서 지켜 보았습니다.

○ 검사님의 선처를 간곡히 호소합니다.

피의자에게는 아픈 상처를 지니고 있지만 많은 것을 뉘우치며 반성하고 있습니다.

피의자라는 사람은 최소한 저에겐 여전히 생활력이 강하고 법 없이도 살 수 있는 착한 사람으로 남아 있습니다.

피의자는 음주운전을 하려고 했던 것이 아닙니다.

○ 어쩔 수 없이 길을 찾지 못하고 있는 대리기사가 기다리는 곳으로 이동하다가 7미터도 채 가지 못한 곳에서 적발되었지만 아무런 사고가 없었다는 것이 천만다행이라고 생각하는 가족들을 생각해 주시고 가정형편이 매우 열악한 우리 피의자에게 검사님께서 결정하시는 음주운전 벌금을 대폭 감액해주시고 피의자가 재개할 수 있는 길을 활짝 열어주시면 고맙겠습니다.

(7) 자비로우신 우리 검사님!

○ 우리 피의자에 대한 선처를 다시 한번 호소합니다.

○ 법 이전에 한 인간을 불쌍히 여기고 자비로우신 검사님의 결정이, 피의자로 하여금 다시금 기회를 주시고 어린 딸아이가 상처를 받지 않고 식당에서 허드렛일을 하고 있는 피의자의 아내에게 격려와 위안이 되도록 도와주시길 간곡히 호소합니다.

피의자에게 법이 허용하는 최대한의 선처를 호소합니다.

피의자는 검사님의 소중한 뜻이 무엇인지를 되새기고, 다시는 이런 일이 생기지 않도록 저도 옆에서 돕겠습니다.

피의자에게 한번만 기회를 주셨으면 합니다.

피의자의 선처를 간곡히 호소합니다.

○ 두서없는 저의 탄원의 글을 끝까지 읽어주셔서 감사합니다.

○ 검사님의 건강과 행복, 그리고 가족 모두의 건승을 위해 간절히 기도합니다.

4. 소명자료 및 첨부서류

(1) 탄원인의 사업자등록증 사본   1부

○○○○ 년 ○○ 월 ○○ 일

위 탄원인 : ○ ○ ○ (인)

창원지방검찰청 OOO검사 귀중

【탄원서(4)】 음주운전 생계형으로 행정심판위원님께 면허취소만 면하게 한번 만 선처해 달라는 탄원서 최신서식

탄 원 서

사 건 번 호 : ○○○○행심○○○○호 운전면허취소

탄원인(청구인) : ○   ○   ○

중앙행정심판위원회 귀중

탄 원 서

1. 탄원인(청구인)

성 명	○ ○ ○		주민등록번호	생략
주 소	정읍시 ○○로 ○○, ○○○-○○○호			
직 업	상업	사무실 주 소	생략	
전 화	(휴대폰) 010 - 4545 - 0000			
기타사항	음주운전 면허취소처분 취소			

2. 탄원의 취지

　위　탄원인(청구인은)은　○○○○행심○○○○호　운전면허취소처분　행정심판청구 사건과 관련하여 아래와 같은 애틋한 사유로 행정심판위원님께 탄원하오니 부디 선처해 주시기 바랍니다.

3. 탄원의 요지

(1) 존경하는 행정심판위원님께 호소합니다.

○ 탄원인은 먼저 음주운전으로 법을 어긴 것에 대해 진심으로 후회하고 잘못을 깊이 뉘우치고 있습니다.

○ 너무 죄송스러울 따름입니다.

○ 저는 초등학교 때 아버님께서 병환으로 돌아가신 후 홀로계시는 어머님을 돕겠다는 생각으로 힘든 일을 마다하지 않았습니다.

○ 가정형편 때문에 식솔 하나라도 줄여야겠다는 생각으로 자원입대하여 군복무를 마친 후 바로 군산에 있는 합판제조공장에서 배달부직원으로 취직을 하여 지금까지 성실하게 근무하고 있습니다.

○ 입이 열 개라도 할 말이 없습니다.

○ 정말 저와는 가까운 친구가 어렵게 살다가 결혼을 하게 되어 예비신부 집이 전라남도 완도의 작은 어촌마을인데 예비신부를 보기위해 그곳으로 친구와 같이 차를 몰고 갔습니다.

○ 여기서 이런 저런 얘기를 하다가 식사를 하면서 술을 먹게 되었는데 탄원인의 차량을 하필이면 어느 음식점 앞에 주차하여 식당주인이 차량을 다른 곳으로 이동해 달라는 연락을 받고 차를 100미터 전방에 있는 공터로 빼주려다가 그만 골목길에서 음주운전을 단속하던 경찰관에 의하여 음주운전으로 적발되었습니다.

(2) 자비로우신 행정심판위원님!

○ 저는 변명이 아니라 친구와 이곳에서 하룻밤을 잘 요량이었습니다.

○ 짧은 제 판단으로 차를 빼드려야 한다는 생각만으로 음주운전을 해서

는 안 된다는 생각도 잠시 망각한 채 주차를 위해 운전을 하였다는 자체에 대해 무어라 할 말은 없습니다.

○ 저는 나이가 어리지만 지금까지 살면서 남에게 피해를 준 사실이 한 번도 없고 경찰서에 가서 조사를 받은 것도 이번이 처음입니다.

○ 그렇다고 해서 처지를 비관하지 않고 항상 최선을 다하며 열심히 살아왔다고 자부할 수 있습니다.

이번 음주운전으로 인하여 군에서 만기제대 하자마자 바로 취직하여 일을 하고 있는 합판제조공장에서 하루아침에 그만두어야 할 처지가 되어 버렸습니다.

나이어린 제가 견디기엔 너무나 힘든 상황입니다.

○ 제가 하는 일은 우리 합판공장에서 생산한 합판을 전라북도 영업지역 내의 각 업소로 공급하는 일인데 음주운전으로 면허가 취소되어 운전을 하지 못하면 배송 일을 할 수 없어서 스스로 그만두어야 할 처지에 놓여있습니다.

(3) 은혜로우신 우리 행정심판위원님!

○ 제가 합판공장에서 배송 일을 하고 매달 지급받는 약 180만원의 급료로 김제에 계시는 연로하신 어머님과 어린 동생들의 뒷바라지를 하고 생계를 이어가고 있는 형편인데 저의 실수로 운전을 하지 못한다면 직장에서 쫓겨나 실업자신세가 되면 앞으로 어떻게 살아가야 할지 정말 가슴이 미어지는 것 같습니다.

○ 저는 지금까지 10년이 가깝도록 운전을 하면서도 단 한 번도 교통법규를 위반하거나 음주운전으로 적발되어 처벌을 받은 사실이 없는 저에게 처음으로 음주운전을 하였다는 이유만으로 운전면허를 취소하여 온가족의 생계마저 위협을 가한다는 것은 너무나 가혹할 수밖에 없습니다.

○ 다시는 음주운전을 하지 않겠다는 각오로 인생을 다시 살아갈 생각입니다.

○ 한 번만 용서해주십시오.

제가 잘못한 죄 값은 제가 달게 받아야 하겠지만 저의 순간적인 실수로 인하여 가족들에게 까지 고통을 주고 생계에 위협을 주어서는 안 되겠다는 생각으로 염치불구하고 행정심판위원님께 간곡히 선처를 호소하오니 제발 운전면허취소만 면하게 해주시면 고맙겠습니다.

(4) 존경하는 우리 행정심판위원님!

○ 제가 너무나도 비참하고 부끄러운 짓을 하고 말았습니다.

○ 지금도 술을 먹고 운전을 하였다는 자체를 후회하고 잘못을 깊이 반성하고 있습니다.

○ 탄원인에게 이번 한번 만 관용을 베풀어 운전면허취소만 면할 수 있도록 선처해 주신다면 반성의 시간을 가지고 앞으로는 절대 음주운전을 하지 않을 것을 서약하기 위해 이렇게 탄원서를 작성하여 글을 올립니다.

○ 부디 탄원인에게 운전면허취소만 면할 수 있도록 선처를 베풀어 주셨으면 하는 마음 간절하여 호소합니다.

○ 법 이전에 한 인간을 불쌍히 여기고 자비로우신 행정심판위원님께서 하시는 결정이, 청구인으로 하여금 다시금 기회를 주시고 거동조차 불편하신 청구인의 노모님과 온 가족 모두에게 격려와 위안이 될 것이라고 믿어 의심치 않습니다.

○ 다시 한 번 청구인에게 선처를 호소합니다.

4. 소명자료 및 첨부서류

  1. 가족관계증명서   1부
  1. 재직증명서   1부
  1. 탄원인에 대한 인감증명서   1통

                ○○○○ 년 ○○ 월 ○○ 일

                    위 탄원인(청구인) : ○ ○ ○   (인)

                중앙행정심판위원회 귀중

【탄원서(5)】 항소심에서 재판중인 피고인의 지인이 재판장님께 사회봉사명령
을 면제해 달라고 간곡히 선처호소 탄원서 최신서식

탄　　　원　　　서

사 건 번 호 : ○○○○노○○○○호　모해위증

피 　고 　인 : ○　　　○　　　○

탄 　원 　인 : ○　　　○　　　○

인천지방법원 제4형사부 귀중

탄 원 서

1. 탄원인(피고인의 지인)

성 명	○ ○ ○	주민등록번호	생략
주 소	인천시 ○○군 ○○로○○길 ○○○호		
직 업	선원	사무실 주 소	생략
전 화	(휴대폰) 010 - 1567 - 0000		
피의자와의 관 계	피고인 ○○○와 한마을에 사는 지인입니다.		

2. 탄원의 취지

　　상기 탄원인은 인천지방법원 ○○○○노○○○○호(○○○○년 제○○○○호)모해위증 피고사건의 피고인 ○○○의 지인(○○도 어촌마을 이웃사촌이자 지인)으로서 다음과 같은 애틋한 사정으로 재판장님께 탄원하오니 피고인의 선처를 호소합니다.

3. 탄원의 요지

(1) 탄원서를 작성하게 된 동기

○ 먼저 저부터 간단하게 소개해 드리자면 탄원인은 이곳 ○○도에서 태어나 이곳에서 지금까지 어부노릇을 하고 있습니다만 배운 것도 없고 그렇다고 해서 글씨를 조리 있게 잘 쓰지도 못하고 컴퓨터도 배우지 못해 피고인의 사정을 전해 들었지만 막상 도움을 주려고 해도 방법이 없어서 간절한 마음으로 타자를 잘 치는 사람을 찾던 중 무작정 ○○고등학교로 갔습니다.

이곳에서 수소문 끝에 ○○고등학교 2학년에 재학 중인 ○○○이라는 학생을 만나 자초지종을 말하자 ○○○학생이 흔쾌히 도와주겠다는 승낙으로 이렇게 컴퓨터로 탄원서를 작성하여 재판장님께 탄원의 글을 올리게 되어 정말 송구스럽게 생각합니다.

○ 제가 재판장님께 피고인의 선처를 호소하기 위해 탄원서를 쓰게 된 것은 누구로부터 요구나 부탁을 받고 타의적으로 작성한 것이 절대 아니오며 사실 그대로 거짓 없이 전적으로 저의 내면에서 우러나오는 자발성에서 이뤄진 것임을 분명하게 말씀드리겠습니다.

○ 피고인 ○○○는 저와 같은 어부로 이웃에서 같이 살아서가 아니라 평소 성실하고 남을 배려하며 주변에 있는 어부들을 잘 돕고 가정에도 정말 충실하고 장애인이신 아버지 ○○○ 어르신께 효심이 지극한 사람인데 이런 일이 터지는 바람에 우리 어촌마을은 너무나도 큰 충격입니다.

○ 이곳 ○○도를 통틀어 탄원인과 가깝게 지내는 사람은 피고인 외에는 없을 정도로 우리는 친형제 그 이상으로 지내는 사이인데 이번 일로 피고인이 재판을 받고 있다는 말을 전해 듣는 순간 저는 하늘이 내려앉는 것만 같았습니다.

(2) 탄원을 하게 된 과정

○ 피고인은 하루도 조업을 하지 않는 일 없었는데 어느 날부터 인천으로 나가는 일이 잦아지고 툭하면 쪼그리고 앉아서 고민을 하는가하면 탄원인으로서는 필시 피고인에게 영문을 알 수 없는 일이 생긴 것 같은 느낌으로 피고인에게 왜 그러느냐고 물어보고서야 피고인에게 이번의 사건에 연류된 것을 알고 탄원인도 정말 가슴이 아팠습니다.

○ 피고인은 우리 어촌마을 전체의 얼굴이었고 누구보다도 신뢰하는 기둥이였는데 이번일이 생겼다는 것이 온 동네 사람들에게는 믿어지지 않는 일이 생기고 말았습니다.

○ 피고인을 두둔하는 것은 아닙니다.

○ 아는 사람들과 어울리다가 잠깐 경우에 어긋나는 일이 생긴 피고인은 단원인과 의논하는 자리에서 장애인이신 아버지와 가족들을 잠깐 잊어버리고 가장으로서 해서는 안 되는 잘못을 저지른데 대하여 깊이 뉘우치고 반성하는 모습을 보이며 한 없이 눈물을 보였습니다.

○ 이러한 우리 피고인에게는 고민도 고민이지만 먼저 사정을 들어보니 어려움을 어디 하소연할 때도 없어서 이렇게 염치불구하고 재판장님께 사정을 호소하게 되었습니다.

(3) 피고인의 열악한 환경

○ 피고인이 고민하고 있는 것은 다름이 아니오라 1심 판결에서 선고받은 사회봉사명령 120시간 이였습니다.

○ 피고인이 ○○도에서 직면하고 있는 생활여건으로는 사회봉사명령을 이행하려면 열악한 교통여건 때문에 탄원인이 봤을 때 현실적으로는 너무나 가혹해 면제되어야 한다고 사료됩니다.

○ ○○도에서 인천으로 나가려면 하루에 한번만 다니는 배편을 이용해야 하는데 인천에서 매일 아침 7시경에 ○○로 출발하여 4시간에서 5시간이 소요되어 12시 30분경에 ○○도에 도착하면 오후 2시경에 손님들을 태우고 다시 인천으로 떠나는 배편이 유일한 교통수단입니다

○ 탄원인이 알기로는 이곳 ○○도에서는 사회봉사명령을 이행할 장소가 없어서 인천으로 나가야 한다면 많은 어려움이 있습니다.

○ 잠시라도 조업을 하지 못하면 당장 거동이 불편하신 피고인의 부친과 그의 가족들은 누가 부양할지 옆에서 지켜보는 탄원인으로서도 정말 답답합니다.

○ 하물며 피고인이나 탄원인은 이곳 ○○도에서 나고 자랐지만 인천에는 친인척이 하나도 없습니다. 피고인에게 친척이라도 있으면 인천에서 도움을 받아 사회봉사명령을 이행할 수 있을 텐데 이러지도 저러지도 못하는 입장을 가족들을 위해 견디려는 피고인의 모습을 바라보고 아무런 도움이 되지 못하는 탄원인도 걱정부터 앞섭니다.

○ 피고인은 탄원인에게 피눈물을 흘리면서 자기가 인천으로 매일 같이 왕복 9시간 이상을 왕래하면서 봉사활동을 하는 동안 거동이 불편하신 어르신과 아이들과 가족을 보살펴 달라고 부탁까지 하였습니다.

○ 탄원인도 배운 것이라고 배타고 고기 잡는 일 뿐인데 탄원인도 배를 타고 조업을 나가면 언제 돌아올지도 모르는 상황에서 어떻게 피고인의 가족까지 그것도 거동조차 불편하신 어르신을 어떻게 보살필 수 있겠습니다.

(4) 은혜롭고 자비로우신 재판장님!

○ 존경하는 재판장님께서 우리 같은 뱃사람들 불쌍한 우리들에게 조그마한 은혜만 베풀어 주시면 이 은혜 하늘이 두 쪽이 나도 나쁜 짓 하지 않고 다시는 재판장님 앞에서 재판받는 일 하지 않겠다고 탄원인과 피고인은 다짐했습니다.

○ 우리 피고인은 지금 이 시간에도 걱정이 태산 같습니다.

○ 피고인은 하루에 한번 밖에 없는 배를 9시간 이상 타고 인천으로 나가 사회봉사활동을 하겠다고 다짐하고 있지만 그 기간 동안은 그의 가족들은 그 동안 뭘 먹고 살고 거동조차 불편하신 어르신은 누가 보살피고 어떻게 살아야 할지 옆에서 도움을 주지 못하는 탄원인도 배를 타고 조업을 해야만 먹고사는 처지라 안타깝기만 합니다.

○ 왜 우리 같이 열악한 어부들이 이런 일을 겪어야 하는지 원망스럽기도 합니다.

○ 아무것도 모르고 계시는 어르신께서는 못났던 잘났던 아들인 피고인만 찾고 계시는 모습을 바라보는 탄원인도 가슴이 아픕니다.

○ 제발 우리 피고인에게 선처를 호소합니다.

○ 충분히 우리 피고인은 잘못을 깊이 뉘우치고 반성하고 있습니다.

○ 지금도 매일매일 조업하고 고기 열심히 잡고 있습니다.

○ 이러한 우리 피고인에게 그의 가족과 한 가정에 곤란을 겪지 않게 한번 만 기회를 주셨으면 하는 마음 간절합니다.

○ 우리 피고인에게 한번만 기회를 주시면 고맙겠습니다.

○ 우리 어부들은 물불 안 가리고 온 정열을 다 바쳐 고기를 잡기 위해 뛰어다니지만 정작 자기 가슴의 소리를 놓치고 사는 데 문제의 원인이 있기 때문입니다. 일이 잘되고 못되고는 우리 어부들이 얼마만큼 가슴으로 소리를 듣고 따르느냐에 달려있습니다.

○ 우리 어부들은 남들이 알아주는 엄청난 일을 해낼 수도 없습니다. 그저 어부들은 조업으로 많은 고기를 잡는 그 기쁨에 비할 일은 없을 것입니다.

○ 피고인에게 지난일 모두 잊고 오로지 고기 잡는 일에만 전념을 다할 수 있도록 한번 만 기회를 주시면 정말 고맙겠습니다.

(5) 존경하는 재판장님!

○ 우리 피고인에게 단 한번만 기회를 주시면 감사하고 또 감사하겠습니다.

○ 탄원인을 비롯하여 우리 온 동네 어부들은 재판장님의 뜻을 되새기고 절대 피고인에게 이러한 일 생기지 않게 하겠습니다.

○ 피고인에게 절대 재판장님의 기대에 저버리는 일 생기지 않게 하고 탄원인과 온 동네 어부들이 항상 피고인을 지켜보고 올바른 사람으로 이끌어 내고 다시는 이런 생기지 않게 하겠습니다.

○ 죄는 미워하시되 한 가정의 파탄을 그저 바라만 보시지 마시고 제발 이제부터라도 죄를 뉘우치고 사회에 헌신하며 바른길로 살아갈 수 있도록 우리 피고인을 한번 만 용서해 주세요.

○ 우리 동네 어부들은 우리 피고인을 의지해 온 이웃사촌이고 앞으로도 우리 어부들이 의지할 곳은 피고인 밖에 없습니다.

○ 법 이전에 한 인간을 불쌍히 여기고 자비로우신 재판장님의 판결이, 피고인으로 하여금 다시금 기회를 주시고 거동조차 불편하신 피고인의 부친과 온 가족 모두에게 격려와 위안이 될 것이라고 믿어 의심치 않습니다.
다시 한 번 우리 피고인에게 선처를 호소합니다.
재판장님께서 판단하시는데 따라 피고인의 온 가족은 운명이 달려있습니다.

○ 우리 어부들의 애틋한 사정을 조금만 헤아려 주시어 우리 피고인에게 선처를 베풀어 주시면 탄원인은 이 은혜 평생 동안 잊지 않겠습니다.

○ 부디 선처를 호소합니다.

감사합니다.

4. 소명자료 및 첨부서류

(1) 선원승선신고사실확인서   1통

○○○○ 년 ○○ 월 ○○ 일

위 탄원인 : ○ ○ ○ (인)

인천지방법원 제4형사부 귀중

【탄원서(6)】 식품위생법위반 구속중인 피의자의 처가 검사에게 어린 아이들을 위해 선처를 호소하는 탄원서 최신서식

탄　　　원　　　서

사 건 번 호 : ○○○○년 형제○○○○호 식품위생법 위반

피 탄 원 인 : ○　　　　○　　　　○

탄 　 원 　 인 : ○　　　　○　　　　○

천안지청 ○○○검사님 귀중

탄　　　원　　　서

1. 탄원인

성　　명	○　○　○	주민등록번호	생략
주　　소	경기도 천안시 ○○구 ○○로 ○○, ○○○-○○○호		
직　　업	주부	사무실 주　소	생략
전　　화	(휴대폰) 010 - 2389 - 0000		
기타사항	이 사건 피의자 겸 피탄원인의 처입니다.		

상기 탄원인은 귀청 ○○○○년 형제○○○○호 식품위생법위반 피의사건의 피의자 ○○○에 관하여 아래와 같이 탄원하오니 선처해 주시기 바랍니다.

- 다　　음 -

(1) 존경하옵는 검사님!

　　○ 탄원인은 ○○에서 조금 떨어진 ○○이라는 곳에서 태어나 여자상업고 등학교를 졸업하고 ○○에 있는 ○○협동조합에 근무하면서 이곳에 근무하는 남편인 피의자를 만나 결혼하고 슬하에 1남 1녀를 데리고 ○○에서 살고 있습니다.

　　○ 탄원인은 결혼하고 얼마가지 않아 첫아이를 가진 후 사직하고 남편은

계속 근무하다가 최근까지만 해도 ○○에서 이곳 ○○으로 근무지를 옮겨 근무하던 중 ○○협동조합을 그만두고 ○○에서 사회에서 만난 친구 분하고 호프집을 차려 영업을 시작했습니다.

(2) 호프집에 전 재산 모두 투자

○ 탄원인도 남편이 직장생활을 하면서 벌어오는 수입보다는 호프집을 운영하면 수입이 좋을 것으로 믿고 친정집과 시집에서 돈을 차용하여 가게보증금을 내고 인테리어비용은 저희가 살던 아파트를 팔아 지금 사는 집으로 옮기면서 보증금 500만원에 월 50만원 주고 사글세를 살고 나머지까지 모두 호프집에 투자했습니다.

○ 탄원인도 주방에서 허드렛일을 하고 남편을 도왔고 남편과 그 친구 분은 홀에서 열심히 장사를 했습니다.
남편은 장사에 경험이 없었기 때문에 호프집을 어떻게 운영해야 할지 잘 몰랐습니다.

○ 친구 분은 장사에 경험이 많은 것 같았는데 절대 영업에 앞장을 서는 일이 없이 투자할 돈도 투자하지 않고 형식은 동업이지 친구 분은 투자를 하지 않고 가게에 놀러 오는 것 같은 느낌을 받았습니다.

○ 친구 분은 책임감이 없었고 툭하면 남편에게 미루고 남편은 친구 분이 시키는 대로 일만하고 누가 보더라도 종업이었고 모든 명의는 남편의 이름으로 영업을 해왔습니다.

(3) 미성년자를 고용

○ 그러던 중 남편은 결국 친구 분께서 말하는 대로 영업을 하다가 미성년자를 고용하고 술을 팔았다는 이유로 남편은 구속되어 지금 조사를 받고 있고, 가게는 영업정지에 얼마가지 못해 영업허가도 취소되고 문

을 닫고 말았습니다.

○ 영업허가명의만 남편의 이름으로 되어 있지만 실제 불법영업은 모두 그 친구 분께서 다했습니다.

(4) 어려운 가정 형편

○ 남편은 가게에 투자한 돈은 돈대로 고스란히 다 날리고 구속되었고, 가정은 파탄지경에 이르렀고 탄원인이 어린 아이들을 대리고 살고 있는 사글세방은 월세를 6개월 동안 내지 못해 집주인께서 집을 비워달라고 하고 있으므로 탄원인과 어린아이들이 머지않아 길거리로 쫓겨나게 생겼고 존경하옵는 검사님께서 우리 남편의 처분결과에 따라 우리 가족의 생계가 달려있습니다.

○ 탄원인은 어린 아이들이 잘 무렵 24시간 영업하는 식당에 가서 부엌에서 아침 8시까지 일해주고 번 돈으로 아이들에게 밥을 해주면 자식들 목구멍에 밥 넘어가는 소리가 가장 행복한 소리로 들립니다.

○ 비록 넉넉하지는 않았어도 아이들과 남편과 탄원인이 밥상을 마주하고 앉아 밥그릇과 수저를 부딪쳐가며 웃으며 식사하던 때 그 소리가 그립고 비우나 고우나 남편이 그렇게 보고 싶고 어린 아이들까지 이제는 남편을 그렇게 찾고 있습니다.

(5) 우리 부부의 다짐

○ 우리 남편은 이런 영업을 해보지 못해 아는 것이 하나도 없습니다.

○ 탄원인이 교도소로 남편 면회를 갔는데 남편은 참회의 눈물을 흘리면서 뼈저리게 뉘우치고 반성하고 있었습니다.

○ 우리 부부는 이번 일로 인하여 많은 것을 깨달았습니다.

○ 열심히 산다는 것은 행복을 꿈꾸고 행복을 기다리는 일이라고 말입니다.

○ 저의 부부는 평소 너무 시시하다고 또는 너무 흔하다고 소홀히 대하고 탐탁찮게 여겼던 순간들을 다 잊어버리고 새로운 행복을 찾아 열심히 노력하기로 다짐했습니다.

○ 남편은 허욕으로 당치도 않은 거창한 것을 찾으려다 소중한 전 재산을 안개같이 흩어지고 무지개처럼 모두 사라지고 말았습니다.

○ 탄원인은 절망하는 남편에게 식사조차 스스로 해결하지 못하고 대소변까지 남의 손을 빌려야 하는 그런 분들에 비하면 우리 부부의 역경은 아무것도 아니므로 힘내자고 용기를 주고 교도소 문을 나왔습니다.

○ 저는 일을 마치고 남편 없는 집으로 들어가면 어린 아이들에게 툭하면 잔소리를 하지만 그 잔소리가 아이들에게 살아가는 힘이 되고 축복의 응원가임을 알게 해 줄 것입니다.

(6) 선처호소

○ 우리 남편이 범한 죄는 전혀 모르고 한 짓입니다.

○ 남편은 면회한 저에게 그 동안 많은 것을 뉘우치고 깨닫고 반성하는 모습을 보였습니다.

○ 정말 힘들게 생활하는 탄원인과 우리 어린 아이들 아무것도 모르고 아버지만 애타게 찾다가 흘린 눈물이 잠이 들어 말라버리는 불쌍한 아이들을 헤아려 주시고 저의 남편에게 관용을 베풀어 가족의 품으로 하루속히 보내 주셨으면 하는 마음 간절합니다.

○ 존경하옵는 검사님께서 탄원인과 어린 아이들을 위해 피의자에게 은전을 베풀어 주시면 이 은혜 평생 동안 가슴속에 잊지 않고 간직하고 있다가 꼭 보답하겠습니다.

○ 우리 사랑하는 남편 나오면 정말 좋은 일 더 많이 하고 항상 남에게 베풀면서 우리 어린아이들 잘 키우고 행복하게 잘 살겠습니다.

○ 그럼 검사님의 건강과 온 가족 모두 평강하시길 기원하겠습니다.

대단히 감사합니다.

안녕히 계십시오.

정말 죄송하고 미안합니다.

2. 소명자료 및 첨부서류

(1) 가족관계 증명서   1통
(2) 어린 아이들의 귀여운 사진   1매

○○○○ 년 ○○ 월 ○○ 일

위 탄원인(피의자의 처) : ○ ○ ○ (인)

천안지청 ○○○검사님 귀중

【탄원서(7)】 강제추행치상 재판을 앞두고 있는 피고인이 신체접촉이 없었다며
선처를 간곡히 호소하는 탄원서 최신서식

탄 원 서

사 건 번 호 : ○○○○고단○○○○호 강제추행치상

탄 원 인 : ○   ○   ○

광주지방법원 형사 제○단독 귀중

탄 원 서

1. 탄원인

성 명	○ ○ ○	주민등록번호	생략
주 소	광주시 ○○구 ○○로 3길 ○○, ○○○-○○○호		
직 업	사업	사무실 주 소	생략
전 화	(휴대폰) 010 - 3456 - 0000		
피의자 와의 관 계	본인입니다.		

2. 탄원의 취지

상기 탄원인은 광주지방법원 ○○○○고단○○○○호 강제추행치상 사건의 피고인으로서 아래와 같이 재판장님께 탄원서를 제출하오니 부디 선처해 주시기 바랍니다.

3. 탄원의 요지

(1) 이 사건의 경위

○ 우선 사건 당일의 정황에 대하여 간단하게 설명을 드리도록 하겠습니다.

○ 저는 중소기업을 운영하면서 사건 당일 회사 직원들과의 회식자리에서

1차에서는 소주와 맥주를 혼합하여 수차례 마시고, 회식자리를 옮겨 2차에서는 막걸리까지 마시게 되어 만취상태에 이르게 되었습니다.

○ 만취상태에서 2차 회식장소에서 약 10미터정도 떨어진 화장실을 가게 되었는데 너무나도 만취한 나머지 화장실을 제대로 구분하지 못하고, 칸막이로 설치된 여자 화장실로 들어가게 되었습니다.

○ 술에 취한 저는 화장실에 남자 소변기가 없다는 것에 대해 이상하게 생각하지 못하고 좌변기에 소변을 본 후 돌아 나오던 중 세면대 앞에 서 있던 피해 여성과 마주치게 되었습니다.

피해 여성의 짧은 치마를 본 순간 저도 모르게 피해 여성의 엉덩이를 만지게 되었습니다.

피해 여성은 제가 엉덩이를 만지자 화들짝 놀라 비명을 질렀고, 저역시 피해 여성의 비명소리에 놀라 황급히 화장실을 황급히 빠져 나왔습니다.

○ 그리고 얼마 후 피해 여성의 112범죄 신고를 받고 온 경찰관과 함께 저는 근처에 있는 ○○경찰서 소속 지구대로 연행되어 조사를 받게 된 것입니다.

(2) 피해자의 모순된 진술

○ 이와 같이 불미스러운 일이 발생하게 된 것에 대하여 이유여하를 막론 하고 피해 여성분께서 입은 정신적인 충격과 피해에 대하여 정말 가슴 깊이 반성하고 죄송스럽게 생각합니다.

○ 저는 피해자에게 사죄하고, 용서를 구하고자 여러 차례 노력을 하였으 나, 피해자로부터 용서를 받기는 너무나도 어려운 일이었습니다.

○ 오히려 피해자는 안타깝게도 사건 당시의 정황에 대하여 사실과 다르 게 부풀려서 마치 제가 고의적으로 술에 취하지 않은 상태에서 피해자 를 강제로 성추행할 목적으로 여자 화장실에 침입한 것으로 진술하였

다고 알고 있습니다.

○ 제가 한 잘못된 행동에 대해서는 응당 그 대가를 치르는 것이 마땅하다고 생각합니다.

○ 그러나 저의 우발적인 행동이 사전에 계획된 행동으로 바뀌고, 마치 성추행을 일삼는 사람으로 비춰질 오해의 소지가 있다는 것에 대해서는 저의 양심과 인격상 도저히 용납할 수가 없어 이렇게 염치불구하고 재판장님께 호소하기에 이른 것입니다.

(3) 피고인의 진정성

○ 탄원인은 이러한 점을 바로 잡고자 아래와 같은 사유로 오해의 소지를 없애고 진심어리고 진실 된 내용을 정리하여 선처를 요청하오니, 부디 저의진정성을 받아주시고 선처하여 주시기를 부탁드립니다.

① 사전에 성추행할 목적을 가지고 여자 화장실로 들어갔다는 주장에 대하여,

◎ 피해자는 처음부터 제가 피해자를 성추행할 목적으로 피해자가 있는 여자화장실로 고의적으로 따라 들어갔다고 진술하고 있으나 이는 사실과 전혀 다릅니다.

◎ 사건 장소인 여자화장실은 푯말이 벽 쪽에 붙어 있어 당시 만취한 저로써는 화장실 앞에 있는 푯말을 제대로 확인할 수가 없었습니다.

◎ 단지 무심코 화장실인 것만 확인하고 안으로 들어갔었던 것입니다. 또한 당시 화장실 안에는 아무도 없었기 때문에 소변이 급했던 저는 소변기가 없었던 것이 이상하다는 생각도 할 겨를도 없었습니다.

◎ 피해자는 제가 피해자를 성추행할 목적으로 피해자를 따라서 화장실로 들어와 추행을 한 것이라고 진술하고 있으나, 단언 코 저는 피해자를 따라서 화장실을 들어간 것이 아닙니다.

② 만약 화장실에서 여성을 발견하였다면 저는 화장실을 잘못 들어온 것을 당장 알아차리고 다시 남자 화장실로 갔을 것이며, 만약 그렇게 했다면 이와 같은 불미스러운 일도 발생하지 않았을 것입니다.

◎ 이에 대해 피해자는 CCTV가 있었기 때문에 입증이 될 수 있을 것이라고 하는데, 저 역시 CCTV를 확인하여 보면 제가 피해자를 확인하고 뒤 따라 간 것이 아니라는 것과 피해자 소리에 놀라 먼저 뛰쳐나온 사실이 명백히 밝혀질 것이라고 생각합니다.

○ 피해자는 저에게 처음부터 추행의 고의가 있었다고 주장하고 있으나, 탄원인은 하늘에 맹세코 절대 그러한 목적으로 여자 화장실을 들어갔던 것이 아닙니다.

○ 부디 이러한 점을 참작하여 주시길 간곡히 부탁드립니다.

(4) 추행행위 당시의 정황에 대하여

○ 제가 추행한 행위에 대해서는 입이 열 개라도 변명의 여지가 없다는 것은 잘 알고 있습니다.

○ 이점에 대해서는 깊이 반성하고 피해자에게 진심으로 사죄합니다.
하지만 피해자의 진술이 사실과 너무나도 다르게 과장되어 있어서 이점을 바로 잡고자 합니다.

○ 피해자는 추행 당시 제가 피해자를 뒤에서 안으며 가슴을 만지고, 치마속으로 손을 집어넣어 음부를 만졌으며, 피해자가 소리를 지르면서 뒤를 보려고 하자 제가 세면대쪽으로 밀면서 피해자를 눕히려 했다고 진술하고 있습니다.

○ 그러나 재판장님께서 사건 장소를 살펴보시면 아시겠지만 피해자와 그러한 실랑이를 벌 일 정도의 공간이 되지 못하며, 당시 저는 소변을 보고 나오다가 피해자의 짧은 치마를 보고서 순간적인 충동에 의해 피해자의 엉덩이에 손을 댔었고, 이에 피해자가 화들짝 놀라 비명을 질러 저 역시 순간적으로 정신이 바짝 들어 도망을 나오게 된 것입니다.

(5) 신체접촉은 없었습니다.

○ 제가 피해자의 신체에 손을 댄 순간은 불과 2~3초 사이였으며, 어떤 강압적인 신체접촉이 있었던 것은 절대 아닙니다.

○ 그럼에도 불구하고 피해자는 사실을 과장하고 부풀려 저를 극악무도한 흉악범인양 묘사를 하고 있는데 이에 대해서는 도저히 수용할 수가 없습니다.

○ 제가 잘못을 한 것은 맞지만 피해자의 주장이 너무나도 과장되어 있기 때문에 이렇게 당시의 상황을 다시 한 번 염치불구하고 재판장님께 설명을 드리고 탄원합니다.

(6) 피해자의 상해에 대하여

○ 저는 최근에서야 저의 죄명이 강제추행이 아니라 강제추행치상이라는 사실을 알게 되었습니다.

○ 위에서 재판장님께 설명을 드리고 상세하게 말씀드렸듯이 제가 피해자와 접촉한 것은 순간적인 일이었는데 어떻게 상처가 났다는 것인지 도저히 이해가 안 됩니다.

○ 사건 이후 조사를 받는 과정에서도 피해자는 상처에 대한 부분에 대해서는 전혀 언급이 없었습니다.

(7) 피고인의 억울한 부분

○ 따라서 저는 단순히 피해자에게 사죄하고 고소를 취소하도록 하는 것만이 최선이라고만 생각했습니다.

○ 그런데 강제추행치상이라는 죄명을 듣는 순간 심장이 멎는 것만 같았고, 가해자인 제가 오히려 억울하다는 생각까지 들었습니다.

○ 피해자가 이렇듯이 저를 압박하는 이유는 아래에서 설명하겠지만 단지 추행으로 인한 충격 때문이 아니라 다른 목적이 있는 것은 아닌가라는 강한 의심을 품지 않을 수 없게 되었습니다.

○ 저는 단연코 피해자의 몸에 상처를 낸 사실이 없습니다.

○ 피해자가 저를 피하는 과정해서도 상처가 날 정도의 신체 접촉도 없었다는 사실은 분명히 하고 싶습니다.

○ 따라서 피해자가 주장하는 상처에 대하여 면밀히 검토하시어 진위여부를 분명히 밝혀주시기를 다시 한 번 부탁의 말씀드립니다.

(8) 피해자와 합의하는 과정에 대하여

○ 저는 피해자를 만나 어떻게든 용서를 구하고자 하였으나 피해자의 연락처를 알 수가 없었습니다.

○ 그리하여 부득이 피해자분이 일하는 가게의 사장과 수차례 통화를 하고 어렵게 지난 ○○일 저녁 ○○동에서 사장님과 피해자를 만났습니다.

○ 저는 진심으로 사죄하면서 선처를 구했고, 합의금으로 300만원을 제안했습니다. 물론 돈으로 사건을 무마하고자 하는 의도가 아니라 피해자께서 입은 정신적인 충격에 대한 사죄의 의미였으며 피해자의 월급이 300만 원정도 된다고 하여 그러한 금액을 정하게 된 것입니다.

○ 그러나 이렇다 할 답변을 듣지 못한 채 헤어지게 되었습니다.

그렇게 헤어지고 나서 피해자와 연락을 할 수 없었던 저는 다시 사장님께 전화를 하여 진심으로 반성하고 있으니 그 뜻을 꼭 피해자에게 전달해 주기 바라며, 합의금이 적다면 500만원까지 상향할 수 있다는 얘기도 했습니다.

○ 그렇게 통화를 하고 난 수일 후 다시 전화를 걸었는데 사장님께서는 피해자가 변호사를 통해서 알아보았는데 합의금은 3천에서 5천만 원까지 받을 수 있으며, 변호사가 수임료는 나중에 지불해도 되니 사건을 맡기라고 했다면서 제가 제시한 500만원으로는 절대 합의를 할 수 없다는 답변만 전달받았습니다.

(9) 은혜로우신 우리 재판장님!

○ 이후 저희 회사 동료를 통하여 다시금 합의를 시도하였으나, 답변은 역시 같았고 더 이상 합의의 의사가 없다고 하였습니다.

○ 저의 잘못된 행동으로 인해 충격을 입었을 피해자의 심정은 충분히 이해가 되나, 한편으로는 제가 조그마한 중소기업의 사업주라는 점을 알고서 과도한 합의금을 받아내려고 하는 것 같다는 생각이 들어 씁쓸할 따름입니다.

○ 그리고 피해자가 상처를 입었다고 주장하는 이유가 아마도 저를 곤경에 처하도록 한 후 원하는 액수의 합의금을 받기 위함이 아닌 가라는 의심까지도 듭니다.

결국 저는 아직 피해자와 직접 대화도 못해보고, 제대로 된 사죄도 못한 상태에서 단지 감당하기 힘든 합의금의 액수만 청구당한 상태입니다.

○ 저는 그동안 많은 급여는 아니어도 한집안의 가장으로 최선을 다해 가정을 돌보고 부끄럽지 않게 살아왔습니다.

○ 비록 중소기업이긴 하지만 건실하고 성실하게 회사도 운영하여 내 급여는 못가지고 갔어도 직원 급여는 꼭 거르지 않았습니다.

○ 직원 동료들과 좋은 자리 이후 좋게 마무리를 하였어야 했는데, 술에 만취하여 순간적으로 이성을 잃고 한 행동으로 인해 결국 성추행이라는 명예를 달게 되었습니다.

○ 다시금 고의성과 또 다른 목적성이 없었음을 눈물로서 호소하며 진심으로 선처를 구합니다.

피해 여성분의 마음도 이해합니다만, 저에 사죄의 마음을 이해하고 받을 수가 없는 현 상황에서 그만큼의 돈을 드릴 수가 없는 현실이 너무나 안타깝습니다.

하지만, 그 이상의 깊은 사죄와 반성과 성의를 담은 금액으로 합의와 선처를 다시금 구하고자 했습니다. 조금만 저의 내용에 귀를 기울이시어 관용이 담긴 판단의 결과가 내려진다면 달게 받도록 하겠습니다.

○ 다시는 이런 일로 저의 가족들과 어느 누구에게도 상처를 주는 행동을 하지 않을 것을 하늘에 맹세합니다.

○ 부디 저에게 한번만 선처를 해주시면 앞으로는 절대 이러한 일이 생기지 않도록 하겠습니다.

집사람에게 아이들에게 정말 부끄러운 짓을 하여 차마 얼굴을 들고 살 수가 없습니다.

지금까지 술을 먹었지만 이런 일이 없었는데 그만 술이 만취되어 잠시 이성을 잃고 추한 모습을 보여 회사에도 미안하게 생각하고 깊이 반성하고 깊이 뉘우치고 있습니다.

○ 한번만 선처해 주시면 다시는 이런 일 없도록 하겠습니다.

○ 두서없는 장문의 글을 읽어주셔서 진심으로 감사말씀 올립니다.

4. 소명자료 및 첨부서류

    (1) 탄원인에 대한 인감증명서   1통

○○○○ 년 ○○ 월 ○○ 일

위 탄원인 : ○　　○　　○　　(인)

광주지방법원 형사 제○단독 귀중

【탄원서(8)】 강제추행 조사중인 피조사자의 동석한 친구가 손가락으로 머리를 밀어 무혐의해 달라는 탄원서 최신서식

탄　　원　　서

사 건 번 호 : ○○○○년 형제○○○○호　강제추행

피 조 사 자 : ○　　　○　　　○

탄　원　인 : ○　　　○　　　○

의정부경찰서장 귀중

탄　원　서

1. 탄원인(피조사자의 친구)

성　명	○ ○ ○	주민등록번호	생략
주　소	경기도 의정부시 ○○로 ○○○, ○○○호		
직　업	종업원	사무실 주　소	생략
전　화	(휴대폰) 010 - 9878 - 0000		
기타사항	현재 의정부경찰서 여성청소년계 강제추행 조사중에 있습니다.		

2. 탄원의 취지

　　상기 탄원인은 의정부경찰서 여성청소년계에서 강제추행혐의로 조사 중에 있는 피조사자 ○○○의 친구로서 아래와 같은 사유로 탄원서를 제출하오니 부디 현명하신 판단으로 무혐의처분해 주시기 바랍니다.

3. 탄원의 요지

　(1) 존경하는 담당 수사관님께 드립니다!

　　　○ 먼저 존경하는 수사님께서 항상 사법적 정의구현 노력에 깊은 감사의 말씀부터 올립니다.

○ 제가 수사관님께 피조사자에게 무혐의 처분해 달라는 탄원서를 쓰게 된 것은 누구로부터 부탁을 받거나 타의적으로 작성한 것이 절대 아니며 이 탄원서는 사실 그대로를 목격한 대로 작성하여 거짓이 없으며 전적으로 저의 내면에서 우러나오는 자발성에서 이뤄진 것임을 분명히 말씀드립니다.

○ 저는 수사관님께서 현재 수사하고 계시는 피조사자 ○○○와 탄원인이 사건발생장소에 동석하여 목격하였기 때문에 자초지종을 수사관님께 이해를 돕기 위해 우선 사건 당일의 정황에 대하여 설명을 드리도록 하겠습니다.

(2) 이 사건의 실체

○ 저는 의정부 시내 정육점에서 종업원으로 일하고 있습니다.

○ 제가 30년 지기 친구인 피조사자 ○○○을 오랜만에 ○○○○. ○○. ○○.만나 식당에서 소주를 호프집에서 맥주를 혼합하여 만든 소위"소맥"을 수차례 마셨는데 여자 친구로부터 전화가 와서 여자 친구를 친구에게 소개시켜줄 요량으로 의정부시 의정부동 소재 토종한우라는 고기 집에서 만났는데 여자 친구가 올 때 동생을 데리고 나왔기 때문에 저와 여자 친구와 저의 친구인 피조사자와 여자 친구의 여자동생이 같이 동석을 했습니다.

○ 이렇게 아울려 또 술을 마셨는데 여자 친구의 동생이 술에 취하지는 않은 것 같은데 자신의 언니와 사귀고 있는 저에게 무슨 감정을 가지고 있는지 말꼬리를 물고 좀 듣기가 만망한 말을 하고 언니와 찢어지라며 이성을 잃고 주태를 부리는 바람에 옆에서 이러한 모습을 본 피조사자 ○○○가 그만하라고 해도 여자 친구의 여동생이 계속해서 주태를 부리는 바람에 피조사자가 그만하라며 손가락으로 여동생의 머리카락을 밀었던 것을 제가 바로 앞에서 똑똑하게 보고 목격했습니다. 이

것이 전부입니다.

○ 그런데 여자친구의 여동생이 피조사자에게 어 이거 강제추행이라며 너 경찰한테 신고한다.

야. 너 인생 한번 죽어봐라 라며 신고를 하였고 피조사자는 저 때문에 괜히 기분을 잡쳤다며 자리를 떠났습니다.

(3) 강제추행이 아닙니다.

○ 제 친구라고 해서 두둔하는 것은 절대 아닙니다.

○ 결코 우리 친구는 피해자에게 강제추행하지 않았습니다.

○ 제가 바로 앞에서 목격했고 저에게 입에 담을 수 없는 말을 하여 유독 관심을 가지고 피해자를 쳐다보고 있었기 때문에 더 똑똑하게 보았지만 신체적인 접촉 또한 없었습니다.

분명히 말씀드리지만 강제추행은 없었습니다.

죄가 있다면 저에게 있습니다.

○ 제가 여자 친구를 불러내지만 않았다면 이런 누명쓰는 일도 없었을 텐데 친구보기 민망합니다.

○ 우리 친구는 아무 잘못이 없습니다.

손가락으로 피해자의 머리카락을 밀쳤던 것뿐입니다.

○ 모두가 언니와 사귀는 저에게 앙갚음을 하려고 우리 친구에게 강제추행이라는 누명을 뒤집어씌운 것입니다.

(4) 존경하는 우리 수사관님!

○ 분명한 것은 우리 친구는 그런 짓을 할 사람이 아닙니다.

피해자가 저에 대한 앙갚음으로 우리 친구에게 골탕을 먹이려고 작정하고 강제추행이라는 누명을 씌운 것이지 제가 봤습니다.

강제추행은 없었습니다.

피해자가 거짓말로 둘러대는 것입니다.

○ 이러한 일이 생겨 저는 우리 친구 볼 면목이 없습니다.

모두에게 죄송하고 미안합니다.

○ 수사를 담당하시는 수사관님께 다시 한 번 호소합니다.

우리 친구는 절대 강제추행을 하지 않았습니다.

○ 그저 우리 친구는 피해자의 행실이 어긋나고 윗사람에게 하는 말투가 심해서 그러지 말라고 손가락으로 머리카락을 민 것뿐인데 이런 일이 생겨 친구에게 부끄럽고 미안해서 담당 수사관님께 호소하게 된 것입니다.

○ 다시 한 번 더 면밀히 살펴봐 주시고 아무 죄도 없는 우리 친구인 피조사자에게 피해가 없도록 현명하신 판단을 해주시기 바랍니다.

4. 소명자료 및 첨부서류

(1) 탄원인의 인감증명서   1통

○○○○ 년 ○○ 월 ○○ 일

위 탄원인 : ○ ○ ○ (인)

의정부경찰서장 귀중

【탄원서(9)】 형사재판을 앞둔 피고인의 처가 남편의 구속이 크게 잘못된 것
이라며 석방을 호소하는 탄원서 최신서식

탄 원 서

사 건 번 호 : ○○○○고단○○○○호 상해

피 고 인 : ○   ○   ○

탄 원 인 : ○   ○   ○

부산지방법원 형사 제○단독 귀중

탄 원 서

1. 탄원인

성 명	○ ○ ○	주민등록번호	생략
주 소	부산시 ○○구 ○○로 ○○, ○○○-○○○호		
직 업	주부	사무실 주 소	생략
전 화	(휴대폰) 010 - 1238 - 0000		
기타사항	부산지방법원 ○○○○고단○○○○호 상해		

2. 탄원의 취지

　상기 탄원인은 부산지방법원 ○○○○고단○○○○호 상해 피고사건의 피고인 ○○○에 대한 처로서 아래와 같은 사유로 재판장님께 탄원서를 제출하오니 부디 피고인을 선처해 주시기 바랍니다.

3. 탄원의 요지

(1) 존경하는 재판님께 드립니다!

　○ 재판장님께서는 가치관도 다르고 삶이 다른 사람들의 이야기라도 가슴에 담아 읽고 현명한 판단을 하실 분으로 믿고 가정주부로 주변에 진

지하게 의논할 분이 계시지 않아 이렇게 존경하는 재판장님께 염치불구하고 탄원서를 올립니다.

○ 탄원인은 상해혐의로 구속되어 현재 존경하는 재판장님으로부터 재판을 받고 있는 피고인 ○○○의 아내 되는 ○○○입니다.

(2) 정의롭고 자비로우신 우리 재판장님!

○ 저는 현재 집에서 시부모님과 중학교 1학년생 아들과 초등학생 5학년 딸아이를 키우는 평범한 엄마입니다.

저희 남편이자 피고인 ○○○은 어릴 적 아주 가난하게 살았답니다.

부모님으로부터 물려받은 땅 한 평 없이 머슴살이로 시작해 농토를 일구어 삼형제를 가르쳐야 했던 울산광역시 ○○구 명칭은 울산광역시 ○○구이지 ○○이라는 전형적인 농촌마을에서도 한참 떨어진 곳에 남편이 태어나 자란 집이 있습니다.

학교에 갈 때는 도시락을 싸가지 못해 점심시간이면 집까지 뛰어와 끼니는 고구마나 감자로 때우고 등잔불도 아끼시는 할머니 때문에 밤에는 책을 읽을 수도 없었다고 들었습니다.

악착같이 농사일을 하셨던 부모님은 남의 땅을 빌려 농사를 짓고 과일이나 채소를 5일 마다 열리는 장에 내다 팔고 그 것도 모자라서 농사일이 없는 겨울에는 한약재로 인기가 높다는 굼벵이를 키우기 위해 초가지붕을 엮어 길러 시장에 내다파시면서 한 겨울을 보냈다고 하십니다.

○ 그래도 삼형제는 너무도 착해 학교에서 돌아오면 밤늦도록 농사일을 돕고 그 추운 겨울에도 하루 온종일 시커먼 연기를 뒤집어쓰고 부모님을 도왔답니다.

(3) 존경하는 재판장님!

○ 이렇게 등골이 휘도록 피고인을 뒷바라지 하시며 살아오신 노부모님을 생각해서 피고인은 열심히 공부를 하여 ○○대학교 ○○○과를 나온 피고인이 마음만 먹으면 이렇게 힘들게 살지는 않았을 것이고 지금처럼 구속되어 감옥에 갇히는 불효를 저지르지 않았을 것입니다.

우리 남편은 절망적인 상황에서도 늘 희망을 찾아갔습니다.

어떤 사람과도 잘 어울리고 자기 말을 하기 전에 남의 말을 잘 들어주었던 피고인의 곁에는 항상 많은 사람들이 넘쳐났습니다.

○ 남편은 개인 사업을 하느라 늘 바쁘게 살았지만 가정에도 충실한 책임감이 있는 가장입니다.

(4) 은혜로우신 우리 재판장님!

○ 항상 아내를 존중하고 아낄 줄 아는 남편이고 아이들로부터 정신적지주란 믿음을 얻고 있는 자랑스러운 아빠였습니다.

탄원인은 이러한 피고인을 믿고 잠을 자는 시간이라도 쪼개어 남편을 도와야겠다는 생각으로 어린 아이들을 보살피고 있습니다.

아이들은 엄마인 저보다도 아빠를 더 좋아하는 이유는 아이들 눈높이에서 항상 이이들을 이해해주고 아이들이 하는 이야기를 진지하게 들어주어 아빠는 좋은 분이라는 믿음을 주었기 때문인 것 같습니다.

○ 저희 집에는 아빠가 집에 들어오면 이이들은 맨발로 뛰쳐나가 소리를 지르며 아빠를 반기며 안긴다고 아빠는 참 좋아했습니다.

남편은 한 아내의 남편으로서 이이들의 아빠로서 뿐만 아니라 지금도 ○○○에서 농사를 지으시며 피고인만 믿고 살아가시는 늙으신 부모님에겐 너무나도 소중하고 사랑스러운 아들입니다.

(5) 존경하는 재판장님!

○ 지금도 농사일을 하시는 시부모님은 여느 농민처럼 당신의 목숨처럼 땅을 아끼시며 한평생 농사밖에 모르고 살아오신 분이십니다.

제가 결혼하던 해 고관절로 한 쪽 다리를 못 쓰게 되셔서 목발을 짚고 다니시면서도 농사일을 놓지 않고 있었답니다.

지금은 오래 서 있을 수도 쪼그려 앉을 수도 없으셔서 땅바닥을 기어 다니시고 지금은 아예 스티로폼으로 만든 방석을 땅바닥에 끌고 다니면서도 밭에서 일을 하고 계십니다.

○ 다들 왜 그렇게 사시냐고 농사일을 그만 두시라고 만류하시지만 돌아가시는 날까지 피고인을 뒷바라지 하시며 농사를 지으시겠다고 하시면서 피고인이 구속되어 있는 자체를 까마득히 모르고 계시는 모습을 보면 정말 가슴이 아픕니다.

(6) 존경하는 우리 재판장님!

○ 자식이 감옥에 갇혀 있다는 걸 아시는 날이면 가슴이 미어져 돌아가실까봐 걱정이 앞서 지금도 노심초사하고 있습니다.

어린 아이들도 아빠가 구속되었다는 사실을 모르고 있습니다.

아이들이 알게 되면 몹시 슬퍼하고 마음 아파할 것을 생각해서 말을 할 수 없었습니다.

(7) 은혜로우신 재판장님!

○ 제가 재판장님께 저희 남편의 어린 시절과 살아온 성장과정을 말씀 드린 것은 저희 남편은 절대로 비겁하게 도주하지 않을 것이며 재판을 성실하게 받고 진실을 밝히려 애쓸 사람이라는 것을 헤아려 주시길 바라는 마음에서입니다.

○ 피고인에 대한 구속이 필요하다는 생각은 검사의 소견일 뿐입니다.

우리 남편이 술을 먹고 잠시나마 이성을 잃고 사소한 시비로 싸움을 한 것은 술이 만취되어 일어난 실수에 불과합니다.

사소한 말다툼으로 큰소리를 치는 과정에서 서로 치고 받으며 싸운 것인데 법을 잘 알지 못하는 탄원인이 봐도 남편의 구속은 분명 부당하고 억울하다고 생각이 듭니다.

(8) 자비로우신 우리 재판장님!

○ 남편의 구속으로 인하여 탄원인과 어린 아이들은 도저히 살아갈 수 없는 상황에서 시골로 내려와 노부모님께는 피고인이 외국으로 장기간 동안 출장을 갔다고 거짓말을 하고 아이들에게는 아빠가 돌아오실 때까지 시골에서 살아야한다고 하고 아이들까지 대리고 와서 농사일을 도우면서 피고인이 석방되기만을 학수고대하고 있습니다.

저도 배울 때 피의자의 인권이 보장될 수 있도록 불구속수사를 원칙으로 하고 있다고 배웠습니다.

저희 남편에게 상해혐의가 있다 하더라도 당시 피고인은 술에 만취된 상태에서 감정을 억제하지 못한 상태에서 일어난 실수를 가지고 이렇게 구속해야 했는지 존경하는 재판장님께서 현명한 판단을 하셔서 저희 남편 피고인 ○○○을 아이들의 아빠를 시골에서 아무것도 모르고 피고인만 애타게 기다리고 계시는 노부모님을 불쌍하게 여기시고 석방해 주셨으면 합니다.

(9) 존경하는 우리 재판장님!

○ 피고인은 탄원인이 면회한 자리에서 잘못을 깊이 뉘우치고 뼈저리게 반성하고 참회의 눈물을 한없이 흘렸습니다.

지금 탄원인과 우리 가족에게는 피고인의 부재가 화목한 우리 가정을 지탱하여줄 기반마저 송두리째 흔들어 놓고 있어 정말 가슴이 아픕니다. 피고인의 수감생활로 인하여 경제적 및 어린 자녀들의 교육과 정서적으로 매우 궁핍한 생활로 곤란을 겪고 있기 때문에 하루아침에 아이들을 대리고 남편이 석방되는 날까지 시골로 내려와 살고 있습니다.

○ 부디 저희 남편을 우리 가족들의 품으로 하루속히 보내주시어 소중한 일을 하면서 행복한 우리 가정을 꾸리며 농사일을 하시는 노부모님께 효도하고 열심히 일을 할 수 있게 관용을 베풀어 주시길 간곡히 호소하면서 이 글을 재판장님께 올립니다.

4. 소명자료 및 첨부서류

  (1) 가족관계증명서   1부
  (2) 탄원인의 인감증명서   1통

○○○○ 년 ○○ 월 ○○ 일

위 탄원인 : ○   ○   ○   (인)

부산지방법원 형사 제○단독 귀중

【탄원서(10)】 검찰청에서 조사 중인 피의자의 부모님이 검사님께 사정을 진
술하고 선처를 호소하는 탄원서 최신서식

탄 원 서

사 건 번 호 : ○○○○년 형제○○○○호 명예훼손

피 조 사 자 : ○   ○   ○

탄 원 인 : ○   ○   ○ 외1

광주지방검찰청 ○○○검사 귀중

탄 원 서

1. 탄원인(피조사자의 부)

성　　명	○ ○ ○	주민등록번호	생략
주　　소	전라남도 나주시 ○○로 ○○○, ○○○호		
직　　업	농업	사무실 주　소	생략
전　　화	(휴대폰) 010 - 9878 - 0000		
기타사항	현재 광주지방검찰청 제○○○호 검사실에서 조사 중에 있습니다.		

탄원인(피조사자의 모)

성　　명	○ ○ ○	주민등록번호	생략
주　　소	전라남도 나주시 ○○로 ○○○, ○○○호		
직　　업	농업	사무실 주　소	생략
전　　화	(휴대폰) 010 - 7765 - 0000		
기타사항	현재 광주지방검찰청 제○○○호 검사실에서 조사 중에 있습니다.		

2. 탄원의 취지

위 탄원인들은 광주지방검찰청 제○○○호 ○○○검사실에서 수사 중에 있는 피의자 ○○○의 아버지와 어머니로써 애틋한 심정으로 검사님께 탄원하오니 피의자를 선처해 주시기 바랍니다.

3. 탄원의 요지

(1) 존경하는 검사님!

○ 이 사건 피의자 ○○○은 ○○세의 나이로 자신의 삶과 태도에 책임을 가져야 하는 성인이지만, 부모의 눈에는 아직도 모든 것을 바르게 처리할 수 있는 성인처럼 보아지지 않기에, 자녀를 둔 부모의 입장에서 간곡히 선처를 호소하고자 이렇게나마 검사님께 탄원의 글을 올립니다.

○ 우리 가족은 이 난관을 거짓된 말이나 행동으로 피해보려고 하지 않고, 우리 아닌 누구도 원망하거나 탓하지 않고 우리 부부와 아이가 이 사회를 살아가는데 필요한 유익한 교육의 한 과정을 이렇게 겪는 다 라고 긍정적인 생각을 하고 이번 일을 대처해 나가려고 결심했습니다.

(2) 존경하고 사랑하는 검사님!

○ 그래도 미래로 나아가고 있는 아이의 일이라 부모로서 탄원인들이 할 수 있는 노력을 다 해보고자 이렇게 부탁드리고 검사님께 도움을 청하기 위해 피의자 ○○○에 대해 아래와 같이 간단하게 설명을 드리고자 합니다.

○ 저희 아이는 이런 아이였습니다.

부모는 시골에서 농사를 짓고 현재의 삶에 만족하는 평범한 가정을 이루고 있는 집안의 아들이며, 고등학교를 다니며 입시를 준비하는 기간에도 힘들다고 짜증을 부리거나 무엇을 해달라는 요구도 없이 학창시절을 졸업하고 서울의 좋은 대학에 입학하고 1년 동안은 공부보다 동아리 활동 등 대학생활의 재미에 푹 빠져 신나게 있더니, 어느 날 군대를 다녀오겠다며 최전방 부대로 입대해서도 힘들다는 소리 한번 없이 잘 견디고 전역하였고, 전역하던 다음날부터 학원 도우미로 취직하여 일을 하며 복학까지의 남은 기간을 준비하는 참으로 긍정적이고 낙천적인 아이였습니다.

학교에 다시 복학해서는 한 학기는 학교공부를 열심히 하여 과에서 1등 장학금을 받아와서 자신은 성취감을 얻음은 물론 부모에게 기쁨을 주었고, 행정고시에 응시하여 1차를 합격하고 2차 시험을 남겨놓고 고시촌에 들어가 집중해보겠다고 하여 방 얻어 놓고 학교에서 주최하는 해외연수 참석 후 마지막 보고서를 작성하고 집에 다녀가기로 약속한 바로 전날 이런 일이 생겼습니다.

(3) 존경하는 검사님!

○ 이번 일도 집에 도착하자마자 무릎 꿇고 앉더니 하는 말이,'어제 저녁에 이런 일이 있었습니다.

부모님께서 너무 놀라서 힘드실까봐 숨겨 볼까도 생각했지만 얘기하는 게 맞는 것 같아 말씀드리겠다며 자초지종을 얘기하였습니다.

진술서인지 조서를 쓸 때'너의 그런 행동이 법 규정상으로는 죄가 된다'는 경찰분의 얘기를 듣는 순간 자기는 전혀 그런 마음이 아니었지만 자기를 모르는 다른 사람의 시각에서는 나쁜 의도가 있는 행동으로 보여 질 수 있겠다는 생각도 생기더랍니다.

엄마인 저에게 좋은 일이 계속 생겨 기쁘고 한편 불안하기도 했는데 이런 일이 생겨 속상하고 화도 난다고 하며'저의 행동이 죄가 되고 벌을 받아야 한다면 받아야겠지요.'라고 얘기하였습니다.

○ 우리 부부는 저렇게 낙천적이고 긍정적인 생각을 가진 아이, 부모에게 곤란한 요구를 하지 않고, 스스로 목표를 세우고 동의를 구하면 우리 부부는 긍정적으로 생각하고 도와주고, 목표를 달성하면 고맙고 기분이 좋아지는 행복함이 있는 정말 문제없이 순탄하게 가정생활이 유지되고 있기에 항상 감사하며 지금처럼만 살아갈 수 있도록 해달라고 마음으로 기도하고 있었습니다.

그런데 이런 상황에 부딪쳐 우리 부부는 참으로 당황스럽고 혼란스러운 시간들을 보내고 있습니다.

(4) 존경하는 검사님!

○ 성장해가는 자식을 키우는 부모인지라 혹시나 무슨 나쁜 일이나 생기지 않을까 하는 우려도 있었지만 지금까지 문제를 일으키지 않고 제대후에는 미래를 위한 준비를 착실히 해가는 모습을 보여주던 우리 아이이기에 이번 일을 겪으며 '우리아이에게 부모가 모르는 무엇이 있는가?, 잘못 생각하고 이해할 수 없는 부분이 있는가?' 다시 한 번 되돌아보고 살펴보게 되었습니다.

○ 친구에게 갑자기 생긴 생각일지라도 인지가 되었으면 더 적극적으로 바른길로 인도하거나 함께하지 못했는지, 그 일의 결과를 듣고 되새겨 생각해 보다가 문득 우리아이에 대한 엄마의 생각에 문제가 있지 않은가하는 의문이 생겨 정말 힘들고 혼란스러운 일을 보내기도 했습니다.

○ 그래서 아이에게 몇 번을 되물어도 하는 대답인 남의 물건에 욕심을 가지거나 친구의 생각을 도와줄 의도는 전혀 없었고, 그 순간 전혀 생각지도 못한 친구의 흥분상태에 우리 아이도 놀라고 당황한 상태에서 자제시켜보려는 노력의 과정이었으며, 그 친구가 기어이 그런 행동을 하리란 생각을 못하고 화를 내고 돌아서 갔다고 하는 아이의 말을 저희 부부는 100% 믿습니다.

○ 그리고 우리 아이를 보아온 사람이라면 진실임을 믿어 주리라 생각이
   듭니다.

○ 우리 아이도 이번 일을 겪으며 스스로 상담도 받고, 피해자를 찾아다니
   고, 어른들의 충고도 들었고, 자신의 태도나 생각이 잘못된 점이 있는
   지 되새겨보는지 집에 도착해서부터 일체 외부로 나가지 않고 자기 방
   에만 있었습니다.

(5) 사랑하고 존경하는 검사님!

○ 우리아들 피의자에게 이번 사건으로 인하여, 어떻게 살아야 하는가를
   생각하는 유익한 시간이 된 것 같습니다.

   앞으로 우리부부와 아이가 잘 협조하고 더 세밀하게 관심을 기우려 저
   희 아이가 사회에 도움이 되는 사람으로 성장되도록 더 노력하겠습니다.

○ 그렇게 약속드리며 부탁드립니다.

   아니면 좋으련만, 우리에게 다가온 불행이니 가족이 함께 힘을 모아 이
   일로 아이의 미래에 짐이 되지 않게 잘 지나갈 수 있게 노력해보고자
   이렇게 글을 올리는 부모의 마음을 헤아려주시고, 이제 사회 구성원으
   로의 역할을 목표로 세우고 시작하는 인생 후배인 저희 자식에게 애정
   어린 관심을 부탁드립니다.

   잘못된 부분은 불러 미성숙한 한 아이를 좀 더 바른 성인으로 이끌어
   주시는 충고 해주시고 이번 고비를 잘 넘기도록 도와주시면 우리아이
   가 미래를 향해 한발 힘차게 내딛고 갈 수 있을 것 같아 염치를 무릅
   쓰고 이렇게 검사님께 탄원의 글 올립니다.

   시간을 되돌려 돌아 갈수만 있다면 좋으련만, 저의 못난 아들의 잘못된
   행위로 인하여 피해를 입으신 피해자께는, 저희 부모가 대신하여 찾아
   뵙고라도 용서를 구하고 싶은 맘 굴뚝같고, 피해 회복이 될 수 있도록
   최선의 노력을 다하고자 합니다.

이 사건을 담당하시는 검사님!

제 못난 아들의 행동이 죄가 된다면 응당히 따끔히 꾸짖거나 재범하지 않도록 처벌받아 마땅하나, 부모의 연이 무엇인지, 이 사건의 결과 형사처벌을 받게 되어 제 못난 아들의 창창한 앞날을 가로막게 되면 이보다 더 큰 고통은 없을 것이니, 저희가 대신하여 처벌을 받고자 하는 마음 굴뚝같기에, 힘없는 부모로서는 제발 선처해 주십사라는 말씀밖에 드릴 말씀이 없습니다.

존경하고 사랑하는 우리 검사님!

최근의 저희 아들 피의자 ○○○은 고향인 나주에서 상경하여 행정고시 2차를 준비하느라 서울대학교 부근 신림동 고시촌에서 책과 씨름하며 공부하는 젊은 청춘의 앞날을 바라보셔서,

검사님께서 제 아들을 선처하심으로 인하여, 또 이번의 큰 교훈으로 인하여 저희 아들이 더욱 큰 이 나라의 일꾼이 될 수 있는 기회를 주시기를, 아무것도 할 수 없는 부모가 나주에서 눈물로써 탄원서를 올립니다.

다시 한 번, 부탁의 말씀 올립니다.

○ 부디 검사님의 선처를 부탁드립니다.

앞으로는 피의자에게 이런 일이 절대 생기지 않도록 우리 부부가 합심해서 잘 가르치고 훈육하여 꼭 착한 사람으로 만들겠습니다.

한번 만 피의자를 용서를 해 주시면 이 은혜 평생 동안 잊지 않고 우리 부부 가슴속에 간직하고 있다가 꼭 보답하겠습니다.

○ 그럼 검사님의 건강과 온 가족 모두 평강하시길 기원합니다.

4. 소명자료 및 첨부서류

　1. 가족관계증명서 　　　　　　　　　　　　　　　　　　　1통
　1. 탄원인의 인감증명서 　　　　　　　　　　　　　　　　　2통

○○○○ 년 ○○ 월 ○○ 일

위 탄원인(피의자의 부) : ○ ○ ○ 　(인)

위 탄원인(피의자의 모) : ○ ○ ○ 　(인)

광주지방검찰청 ○○○검사 귀중

【탄원서(11)】 폭력 등 형사재판을 앞둔 피고인의 직장상사가 어린 아이들을
생각해서 선처를 해달라는 탄원서 최신서식

탄 원 서

사 건 번 호 : ○○○○고단○○○○호 폭력 등

피 고 인 : ○   ○   ○

창원지방법원 형사 제○단독 귀중

탄 원 서

1. 탄원인(피고인의 직장동료)

성 명	○ ○ ○	주민등록번호	생략
주 소	경상남도 창원시 ○○구 ○○로 ○○,○○-○○○호		
직 업	회사원	사무실 주 소	생략
전 화	(휴대폰) 010 - 9987 - 0000		
사건번호	창원지방법원 ○○○○고단○○○○호 폭력 등		

2. 탄원의 취지

　상기 탄원인은 창원지방법원 ○○○○고단○○○○호 촉력 등 피고사건에 대하여 아래와 같은 사유로 재판장님께 탄원서를 제출하오니 부디 선처해 주시기 바랍니다.

3. 탄원의 요지

(1) 존경하는 재판장님께 올립니다!

○ 탄원인은 먼저 존경하옵는 재판님의 가정의 평강과 다복을 진심으로 기원합니다.

○ 탄원인은 재판장님께 재판을 받고 있는 피고인 ○○○에 대하여 애틋한 사정이 있어 재판장님께 탄원의 글을 올리게 되어 매우 유감스럽게 생각합니다.

○ 탄원인은 피고인 ○○○과는 직장상사와 부하직원으로서 서로가 안지도 벌써 10년이 훌쩍 지났습니다만, 지금도 첫 만남을 잊을 수 없습니다.

(2) 자비로우신 우리 재판장님!

○ 피고인은 오래전 교통사고를 당해 한쪽 손을 잘 사용하지 못하는 기능장애를 안고 있었는데 고등학교를 막 졸업한 20살 어린나이 인데도 삶에 대한 애착과 의지가 당차고 야무진 모습이었던지 상사인 저역시도 닮고 싶은 청년이구나 하고 느꼈었습니다.

제가 바라보는 피고인은 평소에도 정말 부지런하고 예의 바르며 심성 또한 착하고 순수한 청년입니다.

어린나이에 한살 아래의 지금의 처를 만나 현재 슬하에 8살과 2살의 자녀를 두고 있으나 한 순간의 잘못된 실수로 소중한 가정을 지켜내지 못하는 아픔이 얼마나 크고 혹독한지를 새삼 절감하며 수감기간동안 절망과 고통 속에서도 죄 값에 대한 반성과 후회로 하루하루를 뉘우치고 속죄하며 새 삶에 대한 희망으로 살아가는 모습을 면회한 제가 직접 목격했습니다.

(3) 은혜로우신 우리 재판장님!

　○ 피고인은 정말 열심히만 살면 되는 줄 알고 현명하고 진실하게 살지
　　못한 것을 크게 뉘우치고 눈물을 흘리면서 후회하고 있었습니다.

　　피고인이 하루속히 사회로 복귀해서 지난 죄 값을 사회봉사로서 화답
　　할 수 있는 기회를 주실 것을 간절히 청하옵니다.

　　피고인의 어린 딸들은 돌봐 주는 이 없어 놀다가 울다가 지쳐 잠이 들
　　곤 하는 가엾은 아이들은 아빠인 피고인이 외국으로 돈 벌러 간줄 만
　　알고 아빠가 돌아올 날만 손꼽아 기다리고 있답니다.

(4) 존경하는 재판장님!

　○ 피고인과 그의 사랑하는 가족에게 희망을 주시길 간절히 소망합니다.
　　피고인 ○○○은 자기가 지은 죄가 얼마나 크고 무거운지 사회에 어떤
　　해악이 되는지도 모르고 어린나이에 직책이 좋아 저지른 죄가 너무 크
　　고 무겁습니다.

　○ 당연히 지은 죄 값보다 더 무거운 형벌을 받아야 마땅하지만 저역시도
　　죄는 미워도 피고인을 미워할 수가 없습니다.
　　그래서 탄원인도 피고인의 어린 딸들을 피고인이 돌아올 날만 기다리
　　면서 보살피고 있습니다.

　○ 어린 아이들이 불쌍해서 염치불구하고 이렇게 피고인을 용서해 달라고
　　탄원의 글을 재판장님께 올리게 된 것입니다.

(5) 은혜롭고 자비로우신 재판장님!

　○ 순수하고 마음씨 착한 피고인에게 관용을 베풀어 선처하여 주실 것을
　　간곡히 청하옵니다.

○ 피고인이 하루빨리 사회에 나와 새로운 삶속에서 용기를 갖고 사랑하는 가족의 생을 책임지는 가장의 역할 속에서 자유의 소중함과 삶의 진정한 의미를 깨닫고 회생의 길을 살아가게 도와주실 것을 탄원인은 두 손 모아 간절히 탄원합니다.

부디 어린 딸들이 아무것도 모르고 아버지만 찾고 있는 애틋함을 불쌍하게 여기시고 피고인을 선처하여 주셨으면 하는 마음 간절하여 탄원의 글을 올리며 호소합니다.

○ 탄원인은 존경하옵는 재판장님을 믿고 기다리겠습니다.

대단히 감사합니다.

4. 소명자료 및 첨부서류

(1) 피고인의 어린 딸들의 사진   2장
(2) 탄원인의 인감증명서   1통

○○○○ 년 ○○ 월 ○○ 일

위 탄원인 : ○ ○ ○ (인)

창원지방법원 형사 제○단독 귀중

【탄원서(12)】 공무집행방해죄 형사재판 앞두고 있는 피고인의 처가 남편에게
선처를 간곡히 호소하는 탄원서 최신서식

탄 원 서

사 건 번 호 : ○○○○고단○○○○호 공무집행방해

탄 원 인 : ○   ○   ○

피 고 인 : ○   ○   ○

대전지방법원 형사 제○단독 귀중

탄 원 서

1. 탄원인(피고인의 아내)

성 명	○ ○ ○	주민등록번호	생략
주 소	대전시 ○○구 ○○로 ○○, ○○○-○○○호		
직 업	주부	사무실 주 소	생략
전 화	(휴대폰) 010 - 2345 - 0000		
피고인과의 관 계	아내입니다.		

2. 피탄원인(피고인)

성 명	○ ○ ○	주민등록번호	생략
주 소	대전시 ○○구 ○○로 ○○, ○○○-○○○호		
직 업	상업	사무실 주 소	생략
전 화	(휴대폰) 010 - 1452 - 0000		
기타사항	현재 대전교도소 수감 중 수형번호 ○○○○호		

3. 탄원의 취지

위 탄원인은 대전지방법원 형사 제○단독 ○○○○고단○○○○호 피고인 ○○○의 아내로서 아래와 같은 사유로 탄원서를 제출하오니 깊이 통찰하시어 선처를 베풀어 주시기 바랍니다.

4. 탄원의 요지

(1) 존경하는 재판장님!

날씨가 이제는 봄 날씨에 접어든 것 같아도 몹시 쌀쌀한 날씨 때문에 건강을 조심해야 할 이 계절에 무엇보다도 탄원인은 재판장님의 건강과 온 가족의 안녕을 먼저 기원 드립니다.

재판장님께서는 재판장님과 가치관도 다르고 삶이 다른 사람들의 이야기라도 가슴에 담아 읽고 현명한 판단을 하실 분으로 믿고 이렇게 염치불구하고 탄원서를 올립니다.

탄원인은 공무집행방해혐의로 구속되어 현재 재판장님으로부터 재판을 받고 있는 피고인 ○○○의 아내 ○○○입니다.

저는 현재 소박한 달동네에 입구에서 조그마한 식당을 운영하면서 슬하에 중학교 1학년생 아들과 초등학생 5학년생 딸아이를 키우는 평범한 엄마입니다.

저희 남편이자 우리집 가장인 피고인은 어릴 적 아주 가난하게 살았답니다.

부모님으로부터 물려받은 땅 한 평 없는 머슴살이로 시작해 농토를 일구어 삼형제를 가르쳐야 했던 충청북도 보은군에 있는 집이었습니다.

(2) 은혜로우신 우리 재판장님!

우리 남편은 도시락을 싸가지 못해 점심시간이면 집까지 뛰어와 끼니는 고구마나 감자로 때우고 등잔불도 아끼시는 할머니 때문에 밤에는 책을 읽을 수도 없었답니다.

악착같이 농사일을 하셨던 부모님은 남의 땅을 빌려 농사를 짓고 과일이나 채소를 장날마다 보은읍내에 내다 팔고 그 것도 모자라서 농사일이 없는 겨울에는 뻥튀기 손수레를 손수 끌고 다니시며 장바닥에서 겨울을 보냈다고 하십니다.

그래도 삼형제는 너무도 착해 학교에서 돌아오면 밤늦도록 농사일을 돕고 그 추운 겨울에도 뻥튀기 손수레를 밀고 따라나서 하루 온종일 시커먼 연기를 뒤집어쓰면서 부모님을 도왔답니다.

(3) 존경하는 재판장님!

이렇게 등골이 휘도록 피고인을 뒷바라지 하시며 살아오신 부모님을 생각해서 피고인은 열심히 공부를 하여 청주대학교 경제학과를 졸업한 피고인이 마음만 먹으면 이렇게 힘들게 살지는 않았을 것이고 지금처럼 구속되어 감옥에 갇히는 불효를 저지르지도 않았을 것입니다.

피고인은 우울하거나 비관하는 법이 없고 좌절하지도 않고 고난 앞에 무릎을 꿇지도 않습니다.

우리 남편은 절망적인 상황에서도 희망을 찾아갔습니다.

어떤 사람과도 잘 어울리고 자기 말을 하기 전에 남의 말을 잘 들어주었던 피고인의 곁에는 항상 많은 사람들이 넘쳐났습니다.

우리 남편은 개인 사업을 하느라 늘 바쁘게 살았지만 가정에도 충실한 책임감이 넘치는 가장입니다.

(4) 자비로우신 우리 재판장님!

아내인 탄원인을 존중하고 아낄 줄 아는 남편이고 아이들로부터 항상 정신적 지주란 믿음을 얻고 있는 자랑스러운 가장이자 아이들의 아빠입니다.

피고인은 바쁘다는 핑계로 우리 사랑하는 가족을 무책임하게 돌보지 않는 사람이 아니기 때문에 탄원인은 잠을 자는 시간이라도 쪼개어 남편을 도와야겠다는 생각으로 어린 아이들을 보살피고 있습니다.

탄원인의 남편은 유난히 가족을 잘 챙깁니다.

그래서 아이들은 엄마인 저보다도 아빠를 더 좋아하는 이유는 아이들 눈높이에서 항상 이이들을 이해해주고 아이들의 이야기를 진지하게 들어주어 아빠는 정말 좋은 분이라는 믿음을 주었기 때문인 것 같습니다.

(5) 존경하는 재판장님!

저희 집에는 아빠가 집에 들어오면 이이들은 맨발로 대문까지 뛰쳐나가 소리를 지르며 아빠를 반기며 안긴다고 아빠는 늘 좋아했습니다.

남편은 한 아내의 남편으로서 이이들의 아빠로서 뿐만 아니라 지금도 충청북도 보은에서 벼농사와 포도농사를 지으시며 피고인만 믿고 살아가시는 연로하신 부모님에겐 너무나도 소중하고 사랑스러운 아들입니다.

저희 시부모님은 여느 농민처럼 당신의 목숨처럼 땅을 아끼시며 한평생 농사밖에 모르고 살아오신 분이십니다.

탄원인이 피고인과 결혼하던 해에는 고관절로 한 쪽 다리를 못 쓰게 되셔서 목발을 짚고 다니시면서도 농사일을 놓지 않고 있었답니다.

지금은 오래 서 있을 수도 쪼그려 앉을 수도 없으셔서 땅바닥을 기어 다니시고 스티로폼으로 만든 방석을 엉덩이에 붙이시고 아예 땅바닥을 끌고 다니면서도 고추밭에서 일을 하고 계십니다.

(6) 존경하는 재판장님!

다들 왜 그렇게 사시냐고 농사일을 그만 두시라고 만류하시지만 돌아가시는 날까지 피고인을 뒷바라지 하시며 농사를 지으시겠다고 하시면서 피고인이 구속되어 있는 자체를 까마득히 모르고 계십니다.

남편은 구속되기 전까지만 해도 남편은 탄원인도 모르게 시골로 내려가 논 두둑을 만들고, 고추 말뚝을 박고, 거름을 져 나르고, 농약도 뿌리고 포도밭을 고르고 농기계를 수리해 놓고 고된 농사일을 불평 없이 하고 돌아왔습니다.

이러한 남편에 대하여 탄원인으로서는 차마 남편이 구속되었다는 사실을 시골 부모님께 도저히 알릴 수 없었습니다.

자식이 감옥에 갇혀 있다는 걸 아시는 날이면 가슴이 미어져 돌아가실까 봐 걱정이 앞서 지금 이 시간에도 노심초사하고 있습니다.

우리 사랑하는 아이들도 아빠가 구속되었다는 사실을 까마득히 모르고 있습니다. 아이들이 알게 되면 몹시 슬퍼하고 마음 아파할 것을 생각해서 참아 말을 할 수가 없었습니다.

(7) 존경하는 재판장님!

탄원인이 재판장님께 남편의 어린 시절과 살아온 성장과정을 말씀 드린 것은 저희 남편은 절대로 비겁하게 도주하지 않을 것이며 재판을 성실하게 받고 진실을 밝히려 애쓸 사람이라는 것을 헤아려 주시길 바라는 마음에서입니다.

피고인에 대한 구속이 필요하다는 생각은 검사님의 소견일 뿐입니다.

우리 남편이 술을 먹고 잠시나마 이성을 잃고 저지하는 경찰관을 상대로 공무집행을 방해한 것은 술이 만취되어 일어난 실수에 불과합니다.

사소한 말다툼으로 큰소리를 치는 과정에서 경찰관이 출동하였고 저지하던 경찰관을 밀치고 항의하였다고 해서 공무집행방해혐의로 구속된 저희 남편은 법을 잘 알지 못하는 탄원인이 봐도 구속은 분명 부당하고 억울한 일이라 생각이 듭니다.

(8) 존경하옵는 우리 재판장님!

피의자의 인권이 보장될 수 있도록 불구속수사를 원칙으로 하고 있습니다.

저희 남편에게 공무집행방해혐의가 있다 하더라도 당시 피고인은 술에 만취된 상태에서 순간 감정을 억제하지 못한 상태에서 일어난 실수를 가지고 구속해야 했는지 존경하는 재판장님께서 부디 현명한 판단을 하셔서 저희 남편 피고인을 시골에서 아무것도 모르고 피고인만 애타게 기다리고 계시는 노부모님을 불쌍하게 생각하시고 피고인을 석방해 주셨으면 합니다.

탄원인이 피고인을 찾아가 면회한 자리에서 피고인은 잘못을 깊이 뉘우치고 뼈저리게 반성하고 있었습니다.

지금 탄원인과 우리 가족에게는 피고인의 부재가 화목한 우리 가정을 지탱하여줄 기반마저 송두리째 흔들어 놓고 있다는 것입니다.

탄원인의 가정은 피고인의 수감생활로 인하여 경제적 및 어린 자녀들의 교육과 정서적으로도 매우 궁핍한 생활로 곤란을 겪고 있는 실정입니다.

부디 저희 남편을 그늘진 곳에서 햇볕을 드리우는 우리 가족들의 품으로 하루속히 보내주시어 소중한 일을 하면서 행복한 우리 가정을 꾸리며 노부모님께 효도하고 열심히 일할 수 있게 관용을 베풀어 주시길 간곡히 호소하면서 이 글을 재판장님께 올립니다.

5. 소명자료 및 첨부서류

   (1) 가족관계증명서   1부

   (2) 탄원인의 인간증명서   1부

○○○○ 년 ○○ 월 ○○ 일

위 탄원인(피고인의 아내) : ○ ○ ○   (인)

대전지방법원 형사 제○단독 귀중

탄 원 서

사 건 번 호 : ○○○○고단○○○○호 횡령

탄 원 인 : ○   ○   ○

피 탄 원 인 : ○   ○   ○

청주지방법원 형사2단독 귀중

탄 원 서

1. 탄원인(피탄원인의 지인)

성 명	○ ○ ○	주민등록번호	생략
주 소	충청북도 청주시 상당구 ○○로길 ○○, ○○○호		
직 업	상업	사무실 주 소	생략
전 화	(휴대폰) 010 - 1234 - 0000		
피고인과의 관 계	피고인의 지인입니다.		

2. 피탄원인

성 명	○ ○ ○	주민등록번호	생략
주 소	충청북도 보은군 ○○로 ○○안길 ○○, ○○호		
직 업	상업	사무실 주 소	생략
전 화	(휴대폰) 010 - 2003 - 0000		
기타사항	○○○○고단○○○○호 청주교도소 수감 중		

3. 탄원의 취지

　위 탄원인은 청주지방법원 ○○○○고단○○○○호 횡령사건에 대한 피고인 ○○○의 지인으로서 존경하는 재판장님께 탄원서를 제출하오니 꼭 피고인 ○○○을 선처해 주시기 바랍니다.

4. 탄원의 요지

(1) 존경하는 재판장님께!

　먼저 존경하는 재판장님께서 항상 사법적 정의구현 노력에 깊은 감사의 말씀을 드립니다.

　제가 감히 고명하신 재판장님께 저의 입장을 밝히고 선처를 부탁드리는 것을 허용해 주시리라 믿고 싶습니다.

　죄송합니다.

　우선 누구로부터 부탁을 받거나 타의적으로 작성한 것이 절대 아니며 이 탄원서는 전적으로 저의 내면에서 우러나오는 자발성에서 이뤄진 것임을 분명히 말씀드립니다.

(2) 자비로우신 재판장님!

　저는 20년 전부터 청주시내에서 오토바이수리 점을 운영하면서 그 옆 가게에서 치킨 집을 운영하던 피고인을 알게 되어 서로 나이도 비슷하고 생각하는 것도 비슷한 점이 많아 우리 둘은 정말 친하게 친형제 이상으로 좋은 관계를 유지해 왔었습니다.

　탄원인은 현재까지도 오토바이수리 점을 경영하고 있습니다만, 피고인은 2년 전부터 치킨 집을 다른 사람에게 넘기고 청주시내에 있는 부동산개발회사에 아는 사람을 통하여 일을 같이 한다며 떠나는 바람에 소식을 모르고 있었습니다.

우연히 청주시내 재래시장에서 손님들과 점심식사를 하기 위해 순대국 집에 갔었는데 그 곳 주방에서 그릇을 행구고 허드렛일을 하시는 피고인의 아내를 만났습니다.

(3) 존경하는 우리 재판장님!

저는 영문도 모르고 주방으로 달려 들어가 피고인의 아내를 데리고 가까운 제과점으로 무조건하고 갔습니다.

피고인의 아내로부터 피고인에 대한 자초지종을 전해 듣고 가슴이 아파 이렇게 염치불구하고 제가 피고인의 가족에게 도움을 줄 수 있는 것은 이것밖에 없다는 생각만 하고 존경하는 재판장님께 피고인에게 선처를 호소하게 된 것입니다.

피고인은 치킨 집을 그만두고 청주시내에 있는 부동산개발사무실에 근무하면서 분양대금으로 받은 돈을 입금하지 않고 보관하다가 회사의 이익을 고려하여 좀 더 좋은 점포를 분양계약을 하였던 것인데 부동산의 경기가 침체되는 바람에 문제가 돼 구속수감 된지 6개월이 다 되어 가는데 가정형편이 어려워서 어린 아이들의 학비라도 벌어야겠다는 생각으로 식당에서 허드렛일을 하신다는 말을 듣고 탄원인으로서는 정말 가슴이 아팠습니다.

(4) 은혜로우신 우리 재판장님!

탄원인이 알고 있는 피고인은 절대 나쁜 짓을 할 사람이 아닙니다.

이것은 분명 다른 이유가 있었다고 봅니다.

20년 동안 탄원인이 피고인을 지켜보았지만 피고인은 법이 없어도 착하게 살 사람입니다.

피고인은 치킨 집을 운영하면서 가족들과 다복하게 행복하게 잘살았습니다. 탄원인이 이러한 피고인의 가정을 부러워할 정도로 피고인의 가정은 아무런 문제가 없었는데 피고인의 고향친구의 꼬임에 속아 구속되는 사고로 행복한 가정이 무너져 내리는 것을 보고 탄원인으로서는 가슴이 아픕니다.

피고인의 가족이 어려움을 겪고 있다는 사실을 안 탄원인은 매일같이 피고인의 집으로 찾아가 대신 아버지의 역할로 아이들을 돕고 있지만 어린 피고인의 아들이 우리 아빠는 왜 안 오시냐며 애타게 찾는 모습을 보고 뒤 돌아서 얼마나 울었는지 아무도 모릅니다.

(5) 자비로우신 우리 재판장님!

제가 피고인의 아내에게 동의를 받아 피고인에게 교도소로 찾아가 3년 만에 피고인을 만났습니다.

피고인은 저에게 피눈물을 흘리면서 회개하고 잘못된 생각을 뼈저리게 뉘우치고 반성하는 모습을 보았습니다.

그래도 어린 아이들과 자신의 아내를 옆에서 용기 잃지 않고 열심히 살 수 있도록 도와 달라고 하면서 가족의 걱정을 하며 사회로 나가면 착하게 살겠다고 다짐하였습니다.

(6) 존경하는 재판장님!

법을 어긴 피고인은 자신의 행위에 합당한 죄과를 치르는 것이 당연한 것으로 보입니다.

그러나 인간적인 측면에서 피고인의 가족은 끼니를 걱정할 정도로 매우 형편이 어렵습니다.

재판장님의 선처를 호소합니다.

피고인은 아픈 상처를 지니고 있지만 많은 것을 뉘우치며 반성하고 있습니다.

피고인이라는 사람은 최소한 저에겐 여전히 생활력이 강하고 법이 없이도 살 수 있는 사람으로 남아 있습니다.

피고인은 절대 개인적인 구복을 채우는 그런 사람은 아니었는데 어찌하여 이러한 일에 말려들었는지 안타깝습니다.

(7) 자비로우신 우리 재판장님!

우리 피고인에 대한 선처를 다 시 한번 호소합니다.

법 이전에 한 인간을 불쌍히 여기고 재판장님의 판결이, 피고인으로 하여금 다시금 기회를 주시고 중학교에 다니는 어린 딸과 초등학교 4학년생인 아들과 식당에서 허드렛일을 하고 있는 피고인의 아내에게 격려와 위안이 될 것이라고 믿어 의심치 않습니다.

존경하는 재판장님께 다시 선처를 호소합니다.

피고인에게 법이 허용하는 최대한의 관용을 베풀어 주십시오.

피고인은 재판장님의 소중한 뜻이 무엇인지를 되새기고, 다시는 이런 일이 생기지 않도록 저도 옆에서 돕겠습니다.

피고인에게 한번만 기회를 주셨으면 합니다.

간곡히 호소합니다.

두서없는 저의 탄원의 글을 끝까지 읽어주셔서 감사합니다.

재판장님의 건강과 행복, 가족 모두의 건승을 위해 간절히 기도합니다.

5. 소명자료 및 첨부서류

(1) 탄원인의 사업자등록증 사본   1부

○○○○ 년 ○○ 월 ○○ 일

위 탄원인 : ○   ○   ○   (인)

청주지방법원 형사2단독 귀중

탄 원 서

탄 원 인 : ○   ○   ○

피탄원인 : ○   ○   ○

대전지방법원 형사3단독 귀중

탄 원 서

1. 탄 원 인

성　　명	○ ○ ○	주민등록번호	생략
주　　소	대전시 ○○구 ○○로 ○○, ○○○-○○○호		
직　　업	상업	사무실 주　소	생략
전　　화	(휴대폰) 010 - 0987 - 0000		
피탄원인과의 관　　계	이 사건 사고로 사망한 피해자 ○○○의 아버지입니다.		

2. 피탄원인

성　　명	○ ○ ○	주민등록번호	생략
성　　명	○ ○ ○	주민등록번호	생략
주　　소	대전시 ○○구 ○○로 3길 ○○, ○○○-○○○호		
직　　업	사원	사무실 주　소	생략
전　　화	(휴대폰) 010 - 3456 - 0000		
기타사항	교통사고처리특례법위반으로 구속되어 현재 대전 교도소 수형번호 제○○○○호로 수감 중입니다.		

3. 탄원의 취지

상기 탄원인은 대전지방법원 ○○○○고단○○○○호 교통사고처리특 례법위반 피고사건의 피해자 망 ○○○의 아버지로서 아래와 같이 담당 재판장님께 탄원하오니 피탄원인을 선처해 주시기 바랍니다.

4. 탄원의 요지

(1) 존경하는 재판장님!

국가의 자유와 정의를 수호하기 위하여 노심초사 애쓰고 계시는 재판장님의 노고에 머리 숙여 존경을 표하는 바입니다.

다름이 아니옵고 탄원인은 현재 재판장님 앞에서 교통사고처리특례법위반 사건으로 구속되어 재판을 기다리고 있는 피탄원인 ○○○에 대하여 피해자 망 ○○○의 아버지로서 재판장님께 하소연 하기위하여 이렇게 탄원서를 제출하게 되어 매우 유감스럽게 생각합니다.

(2) 자비로우신 재판장님!

제 자식을 어린 나이에 비명에 보낸 아버지로서 어찌 마음이 편할 수 있겠습니까 마는 피고인 측과 원만히 합의를 보았고 또한 앞으로 살아갈 날이 창창한 피고인의 장래를 생각해서 이렇게 재판장님께 선처를 호소합니다.

탄원인이 듣기로는 피고인은 평소 말썽한번 부리지 않고 묵묵히 제할 일만 열심히 하는 착한 청년 이였으며 집에서 멀리 떨어진 주유소에서 주유원으로 일하면서 자기 생활비는 벌어서 쓰는 정말 성실하고 부지런한 청년이었다고 들었습니다.

(3) 은혜로우신 우리 재판장님!

피탄원인은 사고 당일도 주유소 일을 마치고 제 딸아이와 같이 놀다가 제 딸을 집으로 데려다 주려고 피고인의 뒷좌석에 제 딸을 태우고 가던 중에 순간적인 실수로 이렇게 끔찍한 일이 발생하였고 제 딸아이를 사망에 이르게 하였습니다.

피탄원인은 이번 사고의 충격으로 한동안 말문이 막히고 그 당시의 상황을 제대로 기억하지 못하고 있다는 말을 가족들을 통해 들었습니다.

(4) 존경하는 재판장님!

탄원인은 피탄원인에 대한 선처를 간곡히 호소합니다.

어린 나이에 피해자를 비명에 가도록 한 피탄원인이 용서 받을 수는 없겠으나 피탄원인은 이번 사고를 통하여 많은 것을 뉘우치고 뼈저리게 반성하고 있고, 피해자 측과 원만하게 합의를 하고 진심으로 제 딸아이의 명복을 빌고 있는 것 같았습니다.

(5) 현명하시고 존경하는 재판장님!

더구나 피탄원인은 어린 나이지만 단 한 번도 죄를 지은 적이 없는 정말 착한 청년이고 앞길이 구만리 같은 할 일이 많은 젊은 나이입니다.

피탄원인을 이번 한번만 선처해 주시기 바랍니다.

그리하여 부디 피탄원인이 하루속히 새로운 삶을 살아갈 수 있도록 재판장님의 하해와 같은 아량을 바라면서 재판장님의 건승하심을 기원합니다.

5. 소명자료 및 첨부서류

  (1) 합의서   1부

                ○○○○ 년 ○○ 월 ○○ 일

                        위 탄원인 : ○ ○ ○   (인)

            대전지방법원 형사3단독 귀중

【탄원서(15)】 여자 친구와 성관계 성폭력으로 누명 쓴 것이라며 담당 수사검 사님께 누명 벗겨 달라는 탄원서 최신서식

탄   원   서

탄 원 인 : ○   ○   ○

피 의 자 : ○   ○   ○

창원지방검찰청 ○○○검사님 귀중

탄 원 서

1. 탄 원 인

성 명	○ ○ ○	주민등록번호	생략
주 소	창원시 ○○구 ○○로 2길 ○○○, ○○○-○○○호		
직 업	회계사 / 사무실 주 소	생략	
전 화	(휴대폰) 010 - 4567 - 0000		
피의자와의 관 계	본인입니다.		

2. 탄원의 취지

상기 탄원인은 창원지방검찰청 ○○○○형제○○○○호 성폭력 등의 피의자로서 아래와 같이 담당 검사님께 탄원서를 제출하오니 억울한 누명을 밝혀주시기 바랍니다.

3. 탄원의 요지

(1) 존경하는 검사님!

먼저 사건 당일의 사건정황을 간단하게 설명을 드리겠습니다.

저는 부산에서 대학교 다닐 때 당시 지방대학을 다니던 여자 친구를 오래전부터 알고 지내던 중 여자 친구가 공인회계사 시험을 준비하던 저에게 전화로 만나자는 연락을 받고 둘이서 호프집에서 만나 술을 잔뜩 먹고 여자 친구가 원해서 가까운 곳에 있는 모텔에 들어가 하룻밤 실수를 하고 말았습니다.

그런데 말로만 듣던 억울한 일이 저에게 일어났습니다.

(2) 존경하는 검사님!

몇 달 지난 지금 저는 성폭력으로 누명을 쓰고 경찰조사를 받고 있습니다.

존경하는 검사님!

저는 너무나 억울합니다.

저는 열심히 공부해서 공인회계사에 합격하고 현재는 회사에 근무하고 있습니다.

둘이 합의 하에 일어난 일이고 여자 친구가 원해 일어난 일인데 저에게는 그런 점을 입증할 증거가 없다는 것입니다.

상대방인 그 여자 친구는 처음에는 저와 사귀기를 원했지만 사실 저는 그 여자 친구가 솔직하게 말씀드려서 그다지 마음에 들지 않아서 연락을 피했는데 만나자는 연락을 받고 그날 호프집에서 만나 술을 잔뜩 먹었지만 그 여자 친구가 원해서 성 관계를 가졌던 것입니다.

(3) 현명하신 검사님!

그 후로도 저는 그 여자 친구가 계속해서 연락이 왔는데 마음이 없어서 연락을 피했더니 앙갚음을 하려고 고소를 한 것 같습니다.

존경하는 검사님!

그 여자 친구와 경찰서에서 마주 앉아 조사를 받는데 그 여자 친구는 합의금을 노린 것도 아니고 오로지 이를 악물고 고함을 지르면서 제가 강제적으로 술을 먹여놓고 성관계를 했다며 전화도 받지 않고 만나주지도 않는다며 가진 거짓말을 다 둘러대면서 저를 처벌하는 게 목적인 것 같습니다.

이것은 저에게 그 여자 친구가 앙갚음을 하려고 성폭력누명을 씌운 것이 분명합니다.

(4) 존경하는 검사님!

이렇게 앙심을 품고 막무가내로 나가니까 여자 친구가 원했다는 증거가없어 꼼짝없이 제가 불리한 상황에 놓여있습니다.

존경하는 검사님!

제가 경찰관에게 그 여자 친구와 성관계를 가진 것은 합의에 의한 것이고 폭행이나 협박하는 정도가 항거 불가능할 정도이거나 현저히 곤란한 상황에 이르지도 않았고 성적의사 결정의 자유를 침해한 사실도 없었다고 하였습니다.

도대체가 경찰관은 저의 진술은 믿어 주지 않고 그 여자 친구가 앙심을 품고 둘러대는 거짓말에만 관심을 가지고 조사를 하고 있습니다.

(5) 자비로우신 검사님!

저와 여자 친구는 모텔에 갔다는 것만으로도 그 여자 친구는 묵시적으로 동의를 했다고 볼 수 있습니다.

제가 남자로서 비급한 행동을 하고 싶지는 않지만 분명 사건 당일에는 그 여자 친구가 공인회계사 2차 시험에 합격하자 의도적으로 마음에도 없는 저를 불러내 술에 만취하자 먼저 원하는 바람에 모텔로 손잡고 들어갔습니다.

술에 떡이 된 저도 그 여자 친구도 서로 원했던 것입니다.

술값은 제가 냈고, 모텔요금은 그 여자 친구가 카드로 결제했습니다.

(6) 존경하는 검사님!

시간이 상당히 소요되어 정황증거를 찾을 수 없고 저의 결백을 입증하기 위해서 그 당시의 호프집에 가서 그때의 상황을 설명하고 영수증도 발급받고 종업원들의 사실확인서도 받았습니다.

바로 모텔로 달려가 종업원에게 상황을 말씀드리자 종업원이 저와 그 여자 친구가 손을 잡고 들어왔다며 기억을 하고 있어서 종업원으로 하여금 사실확인서를 작성해 교부받고 증거로 말미에 첨부하겠습니다.

존경하는 검사님께서 위와 같은 정황증거를 살펴봐주시고 절대 제가 그 여자 친구에게 성관계를 가지면서 무력이나 강압적인 행동은 없었다는 것을 말씀드리고 싶습니다.

제가 의도적으로 여자 친구를 불러낸 것도 아니고 먼저 여자 친구가 저를 불러냈던 것이며 술값은 제가 내고 모텔요금은 여자 친구가 내기로 하고 여자 친구가 더 원했고 저도 술에 만취되어 싫지는 않아 합의 하에 성관계를 가졌던 것이지 강압적으로 여자 친구의 의사에 반하여 성관계를 가진 것은 절대 아닙니다.

(7) 존경하는 검사님!

그러나 여자 친구의 진술은 실수한 것 외에는 모두 사실과 다른 거짓말에 불과하고 오로지 저에 대하 앙심을 품고 처벌해야겠다는 생각에서 둘러대는 것이지 전연 사실이 아닙니다.

존경하는 검사님!

여자 친구는 돈도 필요 없다며 왜 자신의 전화를 받지 않는다는 불만과 다른 여자 친구가 생겼다며 의심을 하고 이에 앙심을 품고 저를 곤란에 빠뜨리기 위해 고소를 한 것이 분명합니다.

(8) 존경하는 검사님!

제가 책임져야 할 짓을 했다면 응당 사나이로서 책임을 져야겠지만 저와 그 여자 친구와 이루어 질 수 없는 사이가 되었고 저도 관심이 없다가 그 날은 제가 술에 만취되어 이런 일이 생긴 것에 후회하고 있습니다.

존경하는 검사님께서 경찰관이 올리는 수사기록에 조금만 더 치밀하게 살펴봐주시고 제가 정황증거자료로 말미에 첨부하고 제출하는 술값 영수증과 증인들의 사실확인서를 보시더라도 여자 친구가 제가 전화받지 않고 만나주지 않는 것에 대한 앙심을 품고 고소한 것으로 밝혀지리라 믿어 의심치 않으니 저의 억울한 누명을 벗겨 주시기 바랍니다.

저에 대한 억울한 누명은 저는 검사님께서 벗겨 주시리라 믿겠습니다.

꼭 저의 억울한 누명을 벗겨 주시기 바랍니다.

끝으로 검사님의 건강과 온 가족 모두의 평강을 기원합니다.

4. 소명자료 및 첨부서류

(1) 술값 영수증   1통
(2) 술집 종업원 사실확인서   1통
(3) 모텔종업원 사실확인서   1통
(4) 탄원인에 대한 인감증명서   1통

○○○○ 년 ○○ 월 ○○ 일

위 탄원인 : ○ ○ ○   (인)

창원지방검찰청 ○○○검사님 귀중

【탄원서(16)】 음주운전 반성문, 벌금감액 정식재판청구, 행정심판, 집행정지,
행정소송 소장 모두 포함 최신서식

탄　　　원　　　서

사 건 번 호 : ○○○○행심○○○○호　음주운전

탄　원　인 : ○　　　○　　　○

중앙행정심판위원회　귀중

탄 원 서

1. 탄원인

성 명	○ ○ ○	주민등록번호	생략
주 소	전라북도 군산시 ○○로 ○○, ○○○-○○○호		
직 업	회사원	사무실 주 소	생략
전 화	(휴대폰) 010 - 6547 - 0000		
기타사항	탄원인은 음주운전으로 운전면허가 취소되어 ○○○○행심○○○○호로 행정심판을 제기하여 현재 중앙행정심판위원회에서 심판 중에 있는 청구인입니다.		

2. 탄원의 취지

　상기 탄원인은 음주운전으로 운전면허가 취소되어 ○○○○행심○○○○호로 행정심판을 제기하여 현재 중앙행정심판위원회에서 심판 중에 있는 청구인으로써 다음과 같은 사정으로 탄원하오니 탄원인에게 선처해 주시기 바랍니다.

3. 탄원의 요지

○ 존경하는 행정심판위원님!

탄원인은 하여서는 아니 되는 음주운전을 하여 현재 두려움과 고통 속에서 하루하루를 보내고 있습니다.

행정심판위원님께 죄송한 마음으로 이렇게 탄원하오니 부디 탄원인의 글을 끝까지 읽어 주시기를 간곡히 부탁드립니다.

먼저 항상 고통을 해결해 주시기 위해 애쓰고 계시는 우리 행정심판위원님께 진심으로 고개 숙여 감사의 말씀부터 올립니다.

탄원인은 익산에서 군산시 방향으로 약 70키로 떨어진 작은 면소재지에 있는 알루미늄 판넬 절곡회사에서 용접공으로 일하고 있습니다.

함께 근무하던 직원이 몸이 불편해서 갑자기 사직하고 시골로 내려가야 한다고 해서 그 동안의 함께 고생했던 마음을 서로 위로하기 위해 ○○○○. ○○. ○○.함께 술을 마시게 되었습니다.

○ 자비로우신 행정심판위원님!

그 동안 고락을 함께 했던 처지라 떠나는 사람과 남아있는 사람들이 서로를 위로하는 과정에서 술을 마시게 되었지만 탄원인은 술자리가 끝날 무렵 대리기사를 부르고 대리기사가 오기만을 기다리다가 그만 차량에서 잠이 들었습니다.

무려 3시간이 넘도록 차량에서 잠이 들어 깨어났는데도 대리기사가 오지 않고 전화도 없어서 탄원인의 생각으로는 이 정도의 취기라면 충분하게 수면을 취했기 때문에 아무 문제가 없을 것으로 생각하고 집까지의 거리도 거리 멀지 않아 운전을 하고 약 200미터 정도 되는 곳까지 이동을 하던 중 음주운전을 단속하던 경찰관에 의하여 적발되어 운전면허취소 처분을 받았습니다.

탄원인의 이유가 어찌되었건 술을 먹고 운전을 한 자체는 입이 열 개가 있어도 할 말은 없습니다,

절대 해서는 안 되는 음주운전을 한 것은 아주 잘못된 것입니다.

무슨 이유가 있었다 하더라도 술을 마시고 운전을 한다는 것은 범죄행위이며 살인미수 행위라는 것도 탄원인은 잘 알고 있기 때문입니다,

탄원인은 한 순간 잘못된 생각으로 술을 먹었다는 자체를 망각하고 운전해도 괜찮겠다는 생각으로 해서는 안 되는 음주운전을 한 실수를 범하고 말았습니다,

○ 존엄하신 행정심판위원님!

사람은 누구나 한 번 쯤은 실수를 하고 살아갑니다.

탄원인은 운전면허를 취득한 후 ○○년 동안 운전을 해 오면서 결코 단 한 번도 음주운전을 한 사실이 없으며, 지금까지 교통법규를 단 한 차례도 위반하지 않고 정말 안전운전을 해 왔습니다.

당시 탄원인은 정말 아무런 생각도 없이 오로지 집에 있는 아내와 사랑하는 아들과 딸을 한시라도 빨리 보고 싶은 마음으로 술을 먹었다는 사실을 잠깐 잊어버린 상태에서 대리기사가 오지 않는 바람에 그만 차량에서 3시간이 넘도록 수면을 취한 후 운전을 하다가 적발된 것입니다.

탄원인에게 운전면허가 취소된 다는 결정통지서가 도착되자 어린 아이들이나 아내와 연로하신 노모님께서는 걱정이 앞서 모두가 초죽음인 사실을 보는 저는 특히 어린아이들에게 부끄럽고 창피해서 말도 못하고 밤새도록 잠을 한숨도 자지 못하고 하루하루를 매일 고통 속에서 불면증까지 얻어 시달리고 있습니다.

막상 탄원인은 면허취소결정통지서를 받고 나니 어떻게 살아야 할지 정말

막막할 뿐입니다.

탄원인은 거동도 불편하신 노모님을 모시고 있고, 수시로 병원에 모시고 가야하는데 운전을 할 수 없다는 생각이 들어 정말 걱정입니다.

탄원인의 집에서 회사까지는 상당한 거리가 되어 운전을 하지 못하다면 버스를 갈아타야 하고 어린 아들의 학비 때문에 틈틈이 밤으로 대리운전 기사 생활을 하면서 학비를 벌고 있었는데 탄원인의 가족이 생계를 유지하기 위해서는 운전면허증은 정말 없어서는 아니 되는 소중한 재산이고 생명줄입니다.

그만 저의 실수로 인하여 저희 가족의 생계까지 위협을 받게 되어 버렸습니다.

○ 은혜로우신 행정심판위원님!

탄원인이 운진을 하지 못하면 회사에도 다닐 수 없게 되면 이 불경기에 어느 누가 저는 뽑아줄 것이며, 배운 것이라곤 공장에서 용접하는 일 뿐인데 어떻게 살아야 할지 정말 막막합니다.

하루하루 커가는 아이들과 저하나만 의지하시는 연로하신 노모님, 저를 믿고 지금까지 살아온 아내를 바라보며 앞으로 한 가정의 가장으로서 지금의 위기를 어떻게나마 극복하고자 조금의 희망을 갖고 새 출발을 하기 위해 존경하는 행정심판위원님께 탄원의 글을 올리고 선처를 호소하기에 이른 것입니다.

탄원인은 음주운전을 하여 정말 죽을죄를 지었습니다.

현재 저의 잘못과 실수를 모두 인정하고 존경하는 행정심판위원님의 결정만 기다리고 있지만, 받아들이기가 너무나 버거워 저의 가정형편을 하소연하고 도움을 청할 수밖에 없었습니다.

그 동안 가정의 생계를 위하여 열심히 살아왔지만 벌어놓은 재산도 없고 부채만 늘어나 제가 갚아야 할 빚은 무려 ○,○○○천만 원에 달합니다.

이번과 같이 탄원인의 실수로 인하여 운전면허취소처분을 받게 되면 탄원인은 가족을 부양하며 살아갈 자신도 없습니다.

탄원인의 지갑 속에 늘 깊숙이 보관해오던 운전면허증이 저의 실수로 인하여 취소가 되고 1년 후 운전면허증을 다시 취득한다 하더라도 모든 가정생활과 직장생활은 물론 풍비박산이 난 이후가 될 것으로 생각만 하면 억장이 무너집니다.

탄원인의 딱한 처지와 우리 가족을 위해 관용을 베풀어 선처해 주셨으면 하는 마음 정말 간절합니다.

아무리 후회를 하고 반성을 하더라도 상황은 되돌릴 수는 없는 것이지만 정말 음주운전에 대한 잘못을 뼈저리게 뉘우치고 깊이 뉘우치고 반성하며 살아가겠습니다.

탄원인에 대한 온 가족의 생계는 행정심판위원님께서 결정하는 결과에 달려 있습니다.

탄원인에게 한번만 기회를 주시고 선처를 베풀어 주시면 탄원인은 이번 기회를 거울삼아 아예 술을 끊기로 어린 아들 딸 앞에서 맹세했습니다.

부디 탄원인에게 선처를 베풀어 주시면 이 은혜 잊지 않고 가슴속에 꼭 간직하고 행정심판위원님께 보답하고 우리 가정을 위해 열심히 살겠습니다.

4. 소명자료 및 첨부서류

1. 부채증명서   1부
1. 가족관계증명서   1부
1. 재직증명서   1부
1. 탄원인의 인감증명서   1통

○○○○ 년 ○○ 월 ○○ 일

위 탄원인 : ○ ○ ○ (인)

중앙행정심판위원회 귀중

반　　성　　문

사 건 번 호 : ○○○○행심○○○○호 음주운전

청 구 인 : ○　　　○　　　○

중앙행정심판위원회 귀중

반 성 문

1. 청구인

성 명	○ ○ ○	주민등록번호	생략
주 소	전라북도 군산시 ○○로 ○○, ○○○-○○○호		
직 업	회사원	사무실 주소	생략
전 화	(휴대폰) 010 - 6547 - 0000		
기타사항	탄원인은 음주운전으로 운전면허가 취소되어 ○○○ ○행심○○○○호로 행정심판을 제기하여 현재 중앙 행정심판위원회에서 심판 중에 있는 청구인입니다.		

위 청구인은 ○○○○. ○○. ○○. 21:10경 익산시 ○○로길 ○○, 소재 시장삼거리 앞에서 음주운전으로 운전면허가 취소되어 중앙행정심판위원회에 제기한 ○○○○행심○○○○호 행정심판청구사건에 대하여 아래와 같은 사유로 행정심판위원님께 반성문을 제출하오니 깊이 통찰하시어 선처해 주시기 바랍니다.

존경하는 행정심판위원님!

○ 저는 저의 순간적인 잘못된 생각으로 음주운전을 하는 바람에 참으로 암울하고 기나긴 질곡의 인생행로가 내 청춘을 송두리째 앗아가고 있다는 절망감속에서 가족들의 생계문제를 걱정하다가 불면증까지 얻어 밤이면 고통에

시달리고 있습니다.

도대체 어디부터 잘못 된 것인가를 찾기가 두려워졌습니다.

마치 잠자고 있는 불행의 마귀를 깨울 것 같은 두려움으로 휘말리게 되었습니다.

함께 근무하던 직원이 몸이 불편해서 갑자기 사직하고 시골로 내려가야 한다고 해서 그 동안의 고생했던 마음을 서로 위로하기 위해 ○○○○. ○○. ○○.함께 술을 마시게 되었습니다.

존경하는 행정심판위원님!

○ 그 동안 고락을 함께 했던 처지라 떠나는 사람과 남아있는 사람들이 서로를 위로하는 과정에서 술을 마시게 되었지만 저는 술자리가 끝나는 무렵 대리기사를 부르고 대리기사가 오기만을 기다리다가 그만 차량에서 잠이 들었습니다.

3시간이 넘도록 차량에서 잠이 들어 깨어났는데도 대리기사가 오지 않아 이 정도의 취기라면 충분하게 수면을 취했기 때문에 아무 문제가 없을 것으로 생각하고 집까지의 거리도 거리 멀지 않아 운전을 하고 200미터 정도 되는 곳까지 이동을 하던 중 음주운전을 단속하던 경찰관에 의하여 적발되어 운전면허취소 처분을 받았습니다.

사랑하고 존경하는 행정심판위원님!

이유가 어찌되었건 술 먹고 운전을 한 자체는 입이 열 개가 있어도 할 말은 없습니다.

해서는 안 되는 음주운전을 한 것은 아주 잘못된 것입니다.

저는 가족들 앞에서 어린아이들 앞에서 앞으로는 술을 먹고 운전하지 않겠다고 맹세하고 깊이 뉘우치고 반성하고 또 반성했습니다.

술을 마시고 운전을 한다는 것은 범죄행위이며 살인미수 행위라는 것도 저는 잘 알고 있기 때문입니다.

저는 한 순간 잘못된 생각으로 술을 먹었다는 자체를 망각하고 이 정도면 운전해도 괜찮겠다는 생각으로 해서는 안 되는 음주운전을 한 실수를 범하고 말았습니다.

존경하는 심판위원님!

인생에는 삼세번의 기회가 주어진다고 했던 기억이 납니다.

앞으로는 절대 술을 먹고 운전하는 일 없도록 하겠습니다.

저에게 한 번만 기회를 주시기 바랍니다.

다시는 술 먹고 운전하지 않겠습니다.

그러나 무엇보다도 제가 술을 먹고 해서는 아니 되는 음주운전을 하였다는 것이고 이로 인하여 면허가 취소되어 운전을 할 수 없다는 현실입니다.

그래도 저에게는 큰 변화가 생겼습니다.

한 동안 분하다는 마음으로 끊임없는 애주가의 생활을 지속하고 아직도 끓는 혈기와 아울러서 인생의 찬란한 목적의식으로 이래서는 안 되겠다는 생각을 하게 되어 저 자신을 뒤돌아보고 다시는 술을 먹고 운전대를 잡는 일 없어야겠다고 깊이 깨닫고 뉘우치고 반성하고 있습니다.

존경하옵는 심판위원님!

어렵게 여기까지 온 저를 불쌍하게 생각해 주시고 한번 만 기회를 주십시오.

다시는 술을 먹고 운전대를 잡는 일 없도록 하겠습니다.

아예 음주운전을 하지 않겠습니다.

맹세하겠습니다.

저는 운전면허를 취득한지 자랑은 아니지만 이제 막 ○○년이 넘었습니다만, 지금까지 단 한번 도 교통법규를 위반하지 않았고 한번 도 음주운전으로 적발된 사실이 없는데 이러한 저에게 운전면허를 취소하는 것은 너무나 가혹한 처분인 것 같습니다.

비록 음주운전을 하였다고 하더라도 교통사고도 없었고 피해자도 없으며 음주운전을 하지 않으려고 대리기사를 불렀으나 대리기사가 오지 않아 차 안에서 3시간이 넘도록 수면을 취한 후 운전을 하였다는 경위에 비하여 저에게 운전면허를 취소한 것은 너무나 가혹할 수밖에 없습니다.

저에게 선처하시고 은혜를 베풀어 주시면 이 은혜 평생 동안 가슴속에 오래오래 간직하고 있다가 꼭 심판위원님께 보답하겠습니다.

부디 저의 실수를 용서해 주시고 저에게 희망과 용기를 잃지 않고 열심히 살아 갈 수 있도록 선처를 베풀어 주셨으면 하는 마음 간절하여 이렇게 반성문을 제출하면서 간청 드립니다.

행복한 가정을 이루고 잘 살겠습니다.

대단히 감사합니다.

소명자료 및 첨부서류

1. 청구인에 대한 인감증명서   1통

○○○○ 년 ○○ 월 ○○ 일

위 반성문제출인(청구인) : ○ ○ ○   (인)

중앙행정심판위원회 귀중

정식재판청구서

사 건 번 호 : ○○○○고약○○○○호 음주운전

피 고 인 : ○   ○   ○

전주지법 군산지원 약식계 귀중

정식재판청구서

1. 피고인

성 명	○ ○ ○	주민등록번호	생략
주 소	전라북도 군산시 ○○로 ○○, ○○○-○○○호		
직 업	회사원	사무실 주 소	생략
전 화	(휴대폰) 010 - 6547 - 0000		
기타사항	전주지방법원 군산지원 ○○○○고약○○○○호 음주운전 피고인		

2. 약식명령

벌금(400)만원의 약식명령을 피고인은 ○○○○. ○○. ○○. 수령하였습니다.

3. 청구취지

피고인을 벌금 400만원에 처한다는 약식명령을 ○○○○. ○○. ○○.송달받았으나, 피고인은 이 약식명령에 대하여 벌금액수가 너무 많다는 이유로 불복이므로 정식재판을 청구합니다.

4. 청구원인

(1) 피고인은 ○○○○. ○○. ○○. ○○:○○경 도로교통법위반 음주운전으로 인하여 이건 처분을 받았습니다.

(2) 함께 근무하던 직원이 몸이 불편해서 갑자기 사직하고 시골로 내려가야 한 다고 해서 그 동안의 고생했던 마음을 서로 위로하기 위해 ○○○○. ○○. ○○.함께 술을 마시게 되었습니다.

그 동안 고락을 함께 했던 처지라 떠나는 사람과 남아있는 사람들이 서로 를 위로하는 과정에서 술을 마시게 되었지만 피고인은 술자리가 끝나는 무 렵 대리기사를 부르고 대리기사가 오기만을 기다리다가 그만 차량에서 잠 이 들었습니다.

3시간이 넘도록 차량에서 잠이 들어 깨어났는데도 대리기사가 오지 않아 이 정도의 취기라면 충분하게 수면을 취했기 때문에 아무 문제가 없을 것 으로 착오하고 집까지의 거리도 거리 멀지 않아 운전을 하고 200미터 정도 되는 곳까지 이동을 하던 중 음주운전을 단속하던 경찰관에 의하여 적발되 어 운전면허취소 처분을 받았습니다,

(3) 피고인은 자랑은 아니지만 ○○년이 넘도록 운전을 해 왔지만 단 한번 도 교통법규를 위반한 사실이 없고 음주운전으로 적발된 사실도 없는 비교적 안전운전을 해 왔습니다,

(4) 피고인은 이번 음주운전으로 인하여 어린 아이들은 물론 아내에게 가장으 로서의 행실을 올바르게 하지 못함으로서 실망을 끼쳐 부끄럽게 생각하고 잘못을 깊이 뉘우치고 반성하고 있습니다,

(5) 피고인은 음주운전에 대한 뼈저린 반성으로 다시는 음주운전을 하지 않겠 다고 굳게 다짐하고 맹세하오니 한번만 관용을 베풀어 주셨으면 합니다,

(6) 피고인이 지급받고 있는 급료로는 생활비에도 턱없이 모자라 살아가기조차 막막한 처지에서 많은 벌금까지 납부할 형편이 되지 못하는 피고인의 사정을 감안하시어 조금이나마 벌금을 감액하여 선처해 주셨으면 하는 마음 간절하여 이렇게 정식재판청구에 이른 것입니다,

5. 소명자료 및 첨부서류

(1) 약식명령서   1부
(2) 대출금내역서   1부
(3) 가족관계증명서   1부
(4) 급료명세서   1부

○○○○ 년 ○○ 월 ○○ 일

위 청구인(피고인) :   ○   ○   ○   (인)

전주지법 군산지원 약식계 귀중

행정심판청구서

청 구 인 : ○   ○   ○

피청구인 : 전 라 북 도 지 방 경 찰 청 장

중앙행정심판위원회 귀중

행정심판청구서

1. 청 구 인

성 명	○ ○ ○	주민등록번호	생략
주 소	전라북도 군산시 ○○로 ○○, ○○○-○○○호		
직 업	회사원	사무실 주소	생략
전 화	(휴대폰) 010 - 6547 - 0000		
기타사항	운전면허취소처분 취소		

2. 피청구인

성 명	전라북도지방경찰청
주 소	전라북도 전주시 완산구 유연로 180,
대 표 자	청장 조용식
전 화	(전화번호) 생략
기타사항	운전면허취소처분 취소

3. 재결청

경찰청

4. 처분내용

자동차 운전면허 취소

5. 처분의 고지유무

전라북도지방경찰청장으로부터 운전면허취소결정통보서를 ○○○○. ○○. ○○. 받았습니다.

청구취지

1. 피청구인이 청구인에 대하여 ○○○○. ○○. ○○. 한 자동차운전면허취소처분은
   이를 감경한다.
라는 재결을 구합니다.

청구이유

1. 청구인은 ○○○○. ○○. ○○.1종 보통 자동차운전면허를 취득 후 ○○○○.
   ○○. ○○.부터 현재까지 알루미늄 판넬 절곡회사에 근무하면서 원자재를 건설
   현장 등에 공급하는 업무를 하던 중 ○○○○. ○○. ○○.혈중알콜농도 0.103%
   로 적발되어 ○○○○. ○○. ○○.피청구인으로부터 운전면허취소결정통지서를
   송달받았습니다.

2. 청구인의 음주경위를 말씀드리겠습니다.

　　가. 함께 근무하던 직원이 몸이 불편해서 갑자기 사직하고, 시골로 내려가야 한다고 해서 그 동안의 고생했던 마음을 서로 위로하기 위해 ○○○○. ○○. ○○.함께 술을 마시게 되었습니다.

　　그 동안 고락을 함께 했던 처지라 떠나는 사람과 남아있는 사람들이 서로를 위로하는 과정에서 술을 마시게 되었지만 피고인은 술자리가 끝나는 무렵 대리기사를 부르고 대리기사가 오기만을 기다리다가 그만 차량에서 잠이 들었습니다.

　　3시간이 넘도록 차량에서 잠이 들어 깨어났는데도 대리기사가 오지 않아 이 정도의 취기라면 충분하게 수면을 취했기 때문에 아무 문제가 없을 것으로 생각하고 집까지의 거리도 거리 멀지 않아 운전을 하고 200미터 정도 되는 곳까지 이동을 하던 중 음주운전을 단속하던 경찰관에 의하여 적발되어 운전면허취소 처분을 받았습니다.

　　나. 청구인으로서는 평소 주량에 대하여 잘 알고 있었기 때문에 대리기사를 부르고 끝까지 음주운전을 하지 말아야겠다는 생각으로 대리기사를 기다리다가 차량에서 3시간 이상 수면을 취한 후 대수롭지 않고 생각하고 200미터도 채 가지 못한 곳에서 적발되어 면허가 취소되는 바람에 청구인은 정말 살아가기가 막막한 처지에 놓여있습니다.

3. 청구인의 운전범위 및 운전면허의 필요성에 대해 말씀드리겠습니다.

　　가. 청구인은 1종 보통면허로 가족 4명의 생계를 책임지고 있는 가장입니다. 비록 원자재를 공급하는 일을 하고 있지만 청구인에게 운전은 없어서는 아니 될 필수 불가결한 재산목록 1호로 정말 소중한 자산입니다.

　　나. 더군다나 청구인에게는 현재 고등학교 3학년인 차녀가 있는데 학교에서나 학원에서 늦은 시간 귀가를 위해 청구인이 위 차량으로 싣고 집으로 오는 유일한 우리 집 교통수단인데 청구인이 운전을 하지 못하면 청구인의 부양

가족의 생계는 물론이고 크나큰 장애요인이 될 것은 분명합니다.

다. 청구인은 ○○○○. ○○. ○○. 1종, 보통운전면허를 취득한 이래 이 건 음주운전은 처음이며, 단순 접촉사고 한번 없고 교통법규위반 한번 하지 않았습니다.

라. 위와 같이 청구인의 운전면허가 취소된다면 생계유지부터 곤란을 받게 될 뿐만 아니라 가장으로서 책임져야 할 최소한의 의무를 하지 못하는 처지에 놓이게 되어 청구인에게 너무나 가혹한 처분이라 아니할 수 없습니다.

4. 청구인에 대한 면허취소처분이 과중한 이유를 말씀드리겠습니다.

가. 청구인이 음주를 하고 운전한 것에 대하여 변명의 여지가 없고 대단히 잘못된 것으로 누구보다 더 절실하게 뉘우치고 반성하고 있습니다.

나. 청구인으로서는 이 건 처분결과에 따라 한 가정의 행복과 막중한 생계가 달려 있으므로 절박한 심정입니다.

다. 청구인은 음주운전으로 적발된 것이 이번이 처음이고 00년 동안 안전운전의무를 준수하여 왔음에도 이번의 실수로 인해 운전면허가 취소된다면 지금까지 살아온 청구인으로서는 너무나도 엄청나고 가혹한 현실이 될 것이 분명합니다.

라. 청구인은 평생 직장에서 원자재 공급업무를 보고 일을 하고 있는데 운전면허가 취소된다면 청구인에게 너무나 가혹한 것이오니 부디 선처를 해 주셨으면 하는 마음이 간절하여 간청 드립니다.

5. 결론

여하튼 간에 이유를 불문하고 청구인이 술을 먹고 운전을 하였다는 자체는 대단히 잘못된 것은 사실입니다.

이 건 결과에 따라 성장기에 있는 자녀들의 운명이 결려있는데 순간을 방심했던 청구인은 지금도 뼈저리게 뉘우치고 후회하고 반성하고 있습니다.

청구인뿐만 아니라 이건 결과에 전 가족의 생계는 물론이고 청구인의 전 인생이 달려있다고 해도 과언이 아니기에 청구인은 하루하루를 피를 말리며 노심초사하고 있을 뿐만 아니라 절박한 심정으로 밤에도 잠을 제대로 이루지 못하고 있습니다.

이상에서 본 바와 같이 청구인의 음주경위, 생계범위, 운전면허의 절대적 필요성, 정상관계를 보면 청구인이 이건으로 인해 면허가 취소되어 청구인이 입게 될 불이익은 일반사회 통념상 너무나 가혹한 처분이라 하지 않을 수 없으며 피청구인에 대한 이 건 자동차운전면허취소처분은 부당하고 너무나 가혹한 처분이므로 그 취소를 구하기 위하여 이건 청구에 이른 것 입니다.

청구인에게 이번 한 차례에 한하여 선처를 베풀어 주시면 다시는 이러한 일 반복하지 않겠습니다.

소명자료 및 첨부서류

1. 소 갑제1호증   주민등록초본
1. 소 갑제2호증   주취운전자 적발내용
1. 소 갑제3호증   임시운전증명서
1. 소 갑제4호증   자동차 운전면허취소결정통보서
1. 소 갑제5호증   운전경력증명서(경찰서)
1. 소 갑제6호증   부채증명서

○○○○ 년 ○○ 월 ○○ 일

위 청구인 : ○ ○ ○   (인)

중앙행정심판위원회 귀중

운전면허취소처분 집행정지신청서

신 청 인 : ○   ○   ○

피 신 청 인 : 전 라 북 도 지 방 경 찰 청 장

중 앙 행 정 심 판 위 원 회 귀 중

운전면허취소처분 집행정지신청서

1. 청 구 인

성 명	○ ○ ○	주민등록번호	생략
주 소	전라북도 군산시 ○○로 ○○, ○○○-○○○호		
직 업	회사원	사무실 주 소	생략
전 화	(휴대폰) 010 - 6547 - 0000		
기타사항	운전면허취소처분 취소		

2. 피청구인

성 명	전라북도지방경찰청
주 소	전라북도 전주시 완산구 유연로 180,
대 표 자	청장 조용식
전 화	(전화번호) 생략
기타사항	운전면허취소처분 취소

3. 재결청

경찰청

4. 처분내용

자동차 운전면허 취소

5. 처분청 고지유무

전라북도지방경찰청장으로부터 운전면허취소결정통보서를 ○○○○. ○○. ○○.받았습니다.

신청취지

1. 피신청인이 ○○○○. ○○. ○○.자로 신청인에 대하여 한 자동차운전면허 취소처분의 효력은 신청인·피신청인 사이의 귀원 ○○○○행심○○○○호 사건의 본안판결확정 시까지 이를 정지한다.
라는 결정을 구합니다.

신청이유

1. 처분의 경위

피신청인은 ○○○○. ○○. ○○. 신청인이 같은 해 ○○. ○○. 19:45경 전라북도 익산시 ○○로 ○○시장 앞 도로상에서 혈중알콜농도 0.109%의 주취상태에서 신청인 소유의 티마스승용차를 운전한 사유로 인해 도로교통법 제78조의 규정에 의하여 신청인의 자동차운전면허(2종 보통 전북 ○○-○○○○○-○○)를 취소하는 처분을 하였습니다.(신청인은 위 처분을 ○○○○. ○○. ○○.수령하였습니다.)

2. 처분의 위법성

신청인이 위 일자에 음주운전을 한 사실은 인정합니다.

그러나 이 사건 처분은 다음과 같은 사유에 비추어 볼 때 재량권을 일탈하거나 권리를 남용한 처분으로 위법하다고 할 것입니다.

먼저 음주운전을 한 경위에 대하여 다음과 같이 진술하겠습니다.

함께 근무하던 직원이 몸이 불편해서 갑자기 사직하고 시골로 내려가야 한다고 해서 그 동안의 고생했던 마음을 서로 위로하기 위해 ○○○○. ○○. ○○.함께 술을 마시게 되었습니다.

그 동안 고락을 함께 했던 처지라 떠나는 사람과 남아있는 사람들이 서로를 위로하는 과정에서 술을 마시게 되었지만 피고인은 술자리가 끝나는 무렵 대리기사를 부르고 대리기사가 오기만을 기다리다가 그만 차량에서 잠이 들었습니다.

3시간이 넘도록 차량에서 잠이 들어 깨어났는데도 대리기사가 오지 않아 이 정도의 취기라면 충분하게 수면을 취했기 때문에 아무 문제가 없을 것으로 생각하고 집까지의 거리도 거리 멀지 않아 운전을 하고 200미터 정도 되는 곳까지 이동을 하던 중 음주운전을 단속하던 경찰관에 의하여 적발되어 운전면허취소 처분을 받았습니다,

신청인은 고향인 군산 옥구에서 태어나 집안에서 농사일을 돕다가 군복무를 마치고 이곳 익산으로 이사와 알루미늄 판넬 절곡회사에 운전직원으로 취직이 되어 현재의 처와 혼인신고는 하였으나 가정형편이 어려워 결혼식을 올리지 못하고 위 회사에 입사하여 직장생활을 하면서 월 170만원의 보수로 지금 살고 있는 집에서 이제 막 5개월 된 딸아이와 함께 넉넉하지는 못하지만 단란한 가정을 이루고 있습니다.

시골에는 얼마 전에 오토바이 교통사고로 입원중인 아버님을 옆에서 간호하고 계시는 어머님에게 매월 치료비와 생활비를 송금하면서 어렵게 생활하고 있습니다.

이 사건 운전면허 취소처분으로 인해 신청인은 운전을 할 수 없는 상태가 되어 위 회사에서 강제로 퇴직당할 입장에 처해있고 신청인의 생계는 물론이고 부모님의 치료비 송금도 어렵게 되어 버렸습니다.

더욱이 신청인의 딸이 생후 5개월 정도로 신청인의 아내가 별도로 직업을 갖기도 어려운 실정입니다.

비록 신청인이 음주운전을 하였다고는 하나 신청인은 지금까지 음주운전으로 인하여 어떠한 사고도 낸 사실이 없으며, 음주 후 상당시간이 지난 후에 운전을 시작하였고 음주량 및 취한 정도도 매우 경미하고 운전면허 취소로 인하여 신청인이 직업을 잃어 가족을 부양하는 것이 매우 곤란하게 된 점을 감안해볼 때 이 사건 처분은 형식적인 음주측정 수치에 의존한 것으로서 신청인에게 너무나 나치게 가혹하여 재량권을 일탈하거나 남용한 처분이라 할 것이므로 위법하여 취소되어야 할 것입니다.

3. 정지의 필요성

신청인은 앞의 내용과 같이 이 사건 처분이 위법하여 취소하여야 할 것으로 판단하고 이를 다투는 본안소송을 이미 제기 하였으나 본안판결 시 까지는 상당한 기간이 소요될 것이 예상되어 이 사건 운전면허취소의 효력은 유지된다고 볼 것이므로 신청인이 본안소송에서 승소한다하더라도 처분의 효력이 그때까지 유지된다면 신청인에게 회복하기 어려운 손해가 생길 염려가 다분히 있으므로 그 효력의 정지를 구하기 위해 이 사건 신청에 이르게 된 것입니다.

소명자료 및 첨부서류

1. 소 갑제1호증　　　　운전경력증명서
1. 소 갑제2호증　　　　자동차운전면허취소 결정통지서
1. 소 갑제3호증　　　　재직증명서
1. 소 갑제4호증　　　　가족관계증명서

○○○○ 년 ○○ 월 ○○ 일

위 신청인 : ○ ○ ○　　(인)

중앙행정심판위원회 귀중

소 　 장

원　고 : ○　　　○　　　○

피　고 : 전라북도지방경찰청장

자동차운전면허취소처분 취소청구의 소

소송물 가액금	금	50,000,000원
첨부할 인지액	금	230,000원
첨부한 인지액	금	230,000원
납부한 송달료	금	156,000원
비　고		

전주지방법원 귀중

소　　　장

1. 원고

성　　명	○ ○ ○	주민등록번호	생략
주　　소	전라북도 군산시 ○○로 ○○, ○○○-○○○호		
직　　업	회사원	사무실 주　소	생략
전　　화	(휴대폰) 010 - 6547 - 0000		
기타사항	운전면허취소처분 취소		

2. 피고

성　　　명	전라북도지방경찰청
주　　　소	전라북도 전주시 완산구 유연로 180,
대 표 자	청장　조용식
전　　　화	(전화번호) 생략
기타사항	운전면허취소처분 취소

3. 자동차운전면허취소처분 취소청구의 소

청구취지

1. 피고가 ○○○○. ○○. ○○. 원고에 대하여 한 자동차운전면허(전북 제2종 보통 ○○-○○○○○-○○호)의 취소처분을 취소한다.

2. 소송비용은 피고의 부담으로 한다.

라는 판결을 구합니다.

청구원인

1. 원고는 ○○○○. ○○. ○○. 전라북도 ○○운전면허시험장에서 자동차운전면허(2종 보통)를 취득하고 그 뒤 계속해서 원고 소유의 티마스 차량을 스스로 운전해 오던 중 ○○○○. ○○. ○○. ○○:○○경 음주운전을 하였다는 이유로 ○○○○. ○○. ○○.피고에 의하여 운전면허를 취소당하였습니다.

2. 그러나 피고의 원고에 대한 위 운전면허취소처분은 다음과 같이 너무나 가혹하며 적절한 재량권의 범위를 벗어난 위법한 처분이라 할 것입니다.

   (1) 원고는 같은 날 ○○:○○경 원고의 집에서 친구인 소외 ○○○을 만나서 개인사업 때문에 의논을 하면서 소주 3홉 정도를 나누어 마셨으며, 약간 취기가 있 것 같아서 술을 마신 후 ○○분 정도 지나서 친구가 돌아가겠다고 해서 원고의 차량에 태우고 집에서 입고 있던 바지와 티를 그대로 입은 상태로 약 200미터 정도 떨어져 있는 00사거리 시내버스정류장까지 태워다 주고 돌아오는 길에 음주운전을 단속하던 경찰관에 의하여 음주측정을 당하였습니다.

   (2) 원고는 음주측정을 하였으나 처음에는 아무런 취한 증상이 나타나지 아니하자, 단속 경찰관이 다시 불으라고 하여서 불었더니, 혈중알콜농도가 0.103%라고 하였는데, 원고는 마신 술의 량, 술을 마신 뒤 상당한 시간이

경과한 점 등 원고가 느낀 주취상태 등에 비추어 정말 믿을 수 없는 수치였습니다.

(3) 원고는 운전을 하고 집에서 얼마 떨어지지 않은 시내버스정류장까지 비교적 가까운 거리를 운전하였으며 운전하는 동안 아무런 사고도 일으키지 아니하였습니다.

(4) 원고는 타마스 차량을 이용하여 차량부속품을 싣고 거래처인 정비공장을 돌며 부속품을 공급하는 업무를 보고 있는데 직업상 원고에게는 자동차의 소유 및 운행을 극히 필요로 하고 있습니다.

앞으로 1년 동안 다시 운전면허시험도 볼 수 없으며 1년 동안 운전을 하지 못한다면 생업에 큰 지장을 받을 것은 자명한 일입니다.

(5) 원고는 지금까지 ○○년이 가깝게 운전을 하였지만 단 한번도 음주운전을 하지 않았고 교통법규 또한 위반하지 않고 비교적 안전운전을 해왔습니다.

원고는 앞으로 어떠한 경우에도 음주한 뒤에는 절대로 운전대를 잡지 않겠다고 굳게 다짐하고 뼈저리게 뉘우쳤을 뿐 아니라 지금 이 시간에도 반성하고 있습니다.

3. 위와 같은 제반 사정에 비추어 볼 때 피고의 원고에 대한 이 사건 운전면허취소처분은 너무 가혹한 처분으로 적절한 재량권의 범위를 벗어난 위법한 처분이라 할 것이므로 그 취소를 구하고자 이건 청구에 이른 것입니다.

소명자료 및 첨부서류

1. 갑 제1호증(자동차운전면허취소통지서)   1부
1. 갑 제2호증(주민등록등본)   1부
1. 갑 제3호증(사실확인서)   1부

○○○○ 년 ○○ 월 ○○ 일

위 원고 : ○ ○ ○ (인)

전주지방법원 귀중

【탄원서(17)】 형사재판 앞두고 있는 피고인의 친구(지인)가 재판장님께 피고
　　　　　　　　인을 간곡히 선처호소 탄원서 최신서식

탄　　　원　　　서

사건번호 :　○○○○고단○○○○호　국민체육진흥공단법 등

피탄원인 :　○　　　　○　　　　○

탄 원 인 :　○　　　　○　　　　○

청주지방법원 형사 제2단독 귀중

탄 원 서

1. 탄원인

성 명	○ ○ ○	주민등록번호	생략
주 소	청주시 상당구 ○○로 ○○, ○○○-○○○호		
직 업	회사원	사무실 주 소	생략
전 화	(휴대폰) 010 - 3123 - 0000		
사건번호	청주지방법원 ○○○○고단○○○○호 국민체육 진흥공단법, 여신금융법위반		

　　상기 탄원인은 청주지방법원 ○○○○고단○○○○호 국민체육진흥공단법·
여신금융법위반 피고사건의 피고인 ○○○의 친구로서 아래와 같은 사유로
재판장님께 탄원서를 제출하오니 피고인 ○○○을 선처해 주시기 바랍니다.

(1) 존경하는 재판장님께 호소합니다.

　　탄원인은 청주지방법원 ○○○○고단○○○○호 국민체육진흥공단법·여신
금융법위반으로 재판장님 앞에서 공판을 앞두고 있는 피고인 ○○○의 친
구로서 피고인이 구속되었다는 소식을 듣고 가장 가까이서 피고인을 지켜
본 한 사람으로 재판장님께 염치불구하고 이렇게 피고인의 문제로 호소하
게 되어 정말 부끄럽고 죄송한 마음 금할 길 없습니다.

먼저 우리 친구인 피고인을 대신해 재판장님께 죄송하다는 말씀부터 드리겠습니다.

우리는 서로 어려우면 같이 걱정해 주고 성취하면 배 아파하지 않고 자기 일처럼 느끼고 늘 의논하고 상의하던 친구가 갑자기 이번 사건에 연루되어 구속되는 바람에 우리 친구들은 모두가 피고인의 구속에 안타깝게 생각하고 있습니다.

(2) 은혜롭고 자비로우신 우리 재판장님!

피고인은 도움을 받고 진수성찬으로 대접하지 않아도 불쾌해 하지 않고 주고받는 것을 돈으로 환산하지 않아도 마음 편할 정도의 열림이 있었던 친구였고, 대학교 다닐 때는 친구들에게 부러움을 한 몸에 받던 학생회장으로 친구들 중에서 누구하나 도움을 받지 않은 친구가 없을 정도로 피고인은 남을 돕고 솔선수범한 친구가 구속되었다는 것이 탄원인은 아직까지 믿어지지 않습니다.

우리 친구는 정말 소박하고 늘 친구와 그 주변 사람들에게 베풀고 믿진다는 생각을 하기보다 항상 고마움에서 서로 감동하던 친구가 이러한 일을 하고 구속되었다는 자체가 이해되지 않습니다.

필시 우리 친구는 누군가의 속았거나 아무런 뜻도 없이 친구는 모르고 한 것으로 확신합니다.

탄원인이 아는 피고인은 그런 사람 절대 아닙니다.

저 역시도 피고인에게 수많은 도움을 받았고 제 주변이나 피고인의 주변에 있는 친구들은 하나같이 도움을 받지 아니한 친구가 없을 정도로 인성이 착하고 성실한 우리 친구가 무엇 때문에 이런 일을 했다는 것은 이해가 안 갑니다.

(3) 존경하는 우리 재판장님!

피고인은 직장생활을 하면서 큰아들(6세)와 작은아들(6개월)을 두고 있는데 갑자기 피고인이 구속되는 바람에 어린 아이들은 말할 것도 없고 생계가 걱정이 될 정도로 어렵게 살고 있습니다.

탄원인이 우연히 재래시장에서 손님들과 점심식사를 하기 위해 순대국 집에 갔었는데 그 곳 주방에서 그릇을 행구고 허드렛일을 하시는 피고인의 아내를 만났습니다.

저는 영문도 모르고 무조건 주방으로 달려 들어가 피고인의 아내를 데리고 가까운 제과점으로 갔습니다.

피고인의 아내로부터 피고인에 대한 자초지종을 전해 듣고 가슴이 아파 이렇게 염치불구하고 제가 피고인의 가족에게 도움을 줄 수 있는 것은 이 것밖에 없다는 생각만 하고 존경하는 재판장님께 피고인에게 선처를 호소하게 된 것입니다.

피고인은 친구들의 통장을 빌려 입금된 돈을 다른 사람들에게 속아서 돈을 인출해 주다가 구속되는 바람에 가정형편이 어려워서 한 푼이라도 벌어야겠다는 생각으로 식당에서 허드렛일을 하신다는 말을 듣고 탄원인으로서는 정말 가슴이 아팠습니다.

(4) 은혜로우신 우리 재판장님!

탄원인이 알고 있는 피고인은 절대 나쁜 짓을 할 사람이 아닙니다.

이것은 분명 다른 이유가 있었다고 봅니다.

어린 시절부터 가장 가까운 곳에서 탄원인이 피고인을 지켜보았지만 피고인은 법이 없어도 착하게 살 사람이었습니다.

피고인은 항상 부모님께 효도하며 가족들과 다복하게 행복하게 잘살았습니다.

탄원인이 이러한 피고인의 가정을 부러워할 정도로 피고인의 가정은 아무런 문제가 없었는데 피고인은 주변사람들의 꼬임에 속아 이번 사건으로 구속되는 사고로 행복한 가정이 무너져 내리는 것을 보고 탄원인으로서는 정말 가슴이 아픕니다.

피고인의 가족이 어려움을 겪고 있다는 사실을 안 탄원인은 매일같이 피고인의 집으로 찾아가 대신 아버지의 역할도 하고 부모님을 돕고는 있지만 어린 피고인의 아들이 우리 아빠는 왜 안 오시냐며 애타게 찾는 모습을 보고 뒤 돌아서 얼마나 울었는지 아무도 모릅니다.

(5) 자비로우신 우리 재판장님!

피고인의 아내가 피고인을 면회한 자리에서 피고인은 피눈물을 흘리면서 회개하고 잘못된 생각을 뼈저리게 뉘우치고 반성하고 있다고 들었습니다.

그래도 피고인이 아내를 통해 탄원인에게 어린 아이들과 자신의 아내와 부모님을 옆에서 용기 잃지 않고 열심히 살 수 있도록 도와 달라고 하면서 가족의 걱정을 하며 사회로 나가면 착하게 살겠다고 다짐도 하였답니다.

(6) 존경하는 재판장님!

법을 어긴 피고인은 자신의 행위에 합당한 죄과를 치르는 것이 당연한 것으로 보입니다.

그러나 인간적인 측면에서 피고인의 가족은 끼니를 걱정할 정도로 매우 형편이 어려운 것을 탄원인이 직접 지켜보았습니다.

재판장님의 선처를 간절히 호소합니다.

피고인은 지금 아픈 상처를 지니고 있지만 많은 것을 뉘우치며 반성하고 있습니다.

피고인이라는 사람은 최소한 저에겐 여전히 생활력이 강하고 법이 없이도 살 수 있는 착한 친구로 영원히 남아 있습니다.

피고인은 절대 개인적인 구복을 채우는 그런 사람은 아니었는데 어찌하여 이러한 일에 말려들었는지 정말로 안타깝습니다.

(7) 자비로우신 우리 재판장님!

우리 피고인에 대한 선처를 다시 한번 호소합니다.

법 이전에 한 인간을 불쌍히 여기고 자비로우신 재판장님의 판결이, 피고인으로 하여금 다시금 기회를 주시고 이제 막 5살인 아들과 6개월 된 아들을 위해 허드렛일을 마다하지 않고 열심히 살아가는 피고인의 아내에게 격려와 위안이 될 것이라고 믿어 의심치 않습니다.

존경하는 재판장님께 또다시 선처를 호소합니다.

피고인에게 법이 허용하는 최대한의 관용을 베풀어 주십시오.

피고인은 재판장님의 소중한 뜻이 무엇인지를 되새기고, 다시는 이런 일이 생기지 않도록 탄원인도 옆에서 돕겠습니다.

피고인에게 한번만 기회를 주셨으면 합니다.

간곡히 호소합니다.

두서없는 저의 탄원의 글을 끝까지 읽어주셔서 감사합니다.

다시 한 번 부탁의 말씀 올립니다.

재판장님의 건강과 행복, 가족 모두의 건승을 위해 간절히 기도합니다.

2. 소명자료 및 첨부서류

   (1) 탄원인에 대한 인감증명서   1통

        ○○○○ 년 ○○ 월 ○○ 일

                위 탄원인 : ○ ○ ○   (인)

청주지방법원 형사 제2단독 귀중

【탄원서(18)】 형사재판을 앞두고 있는 피고인의 처가 재판장님께 간곡히 선
처를 호소하는 탄원서 최신서식

탄 원 서

사건번호 : ○○○○고단○○○○호 사기 등

피탄원인 : ○   ○   ○

탄 원 인 : ○   ○   ○

인천지방법원 형사 제2단독 귀중

탄 원 서

1. 탄원인

성 명	○ ○ ○	주민등록번호	생략
주 소	인천시 부평구 ○○로 ○○, ○○○-○○○호		
직 업	주부	사무실 주 소	생략
전 화	(휴대폰) 010 - 3123 - 0000		
사건번호	인천지방법원 ○○○○고단○○○○호 사기 등		

　상기 탄원인은 인천지방법원 ○○○○고단○○○○호 사기 등 피고사건의 피고인 ○○○의 아내 ○○○로서 아래와 같은 사유로 재판장님께 탄원서를 제출하오니 피고인 ○○○을 선처해 주시기 바랍니다.

존경하옵는 재판장님!

탄원인은 현재 ○○교도소에 수감되어 재판장님으로부터 형사재판을 받고 있는 피고인 ○○○의 처 ○○○입니다.

탄원인과 피고인은 ○○년 전에 결혼하여 슬하에 2녀 1남을 두고 있습니다.

탄원인은 인천에 있는 ○○건설 주식회사에 근무하고 있었고, 피고인도 같은 회사에 근무하면서 인연을 맺어 결혼을 하고 탄원인은 바로 퇴사하였으나 남편인 피고인은 계속 ○○건설 주식회사에 근무를 하다가 ○○○○년○○월경 친구와 횡성에서 농토를 대여해 상황버섯 등을 재배하는 사업을 하겠다며 퇴직을 하였습니다.

존경하옵는 우리 재판장님!

피고인은 충주에서 많이 떨어진 시골마을에서 6남매의 장남으로 태어나 충주에서 중고등학교를 마치고 청주로 내려가 대학을 졸업하고 바로 인천에 있는 ○○건설 주식회사에 근무를 하던 중 탄원인을 만나 결혼하고 지금의 우리 가정을 꾸려온 한 가정의 가장입니다.

피고인은 사회경험도 없고 더군다나 사업을 해본 경험이 전혀 없는데 사회에서 만난 친구의 꼬임에 빠져 버섯을 배양하는 사업을 하겠다고 했을 때도 탄원인은 반대를 했습니다.

자금이 부족하여 인천에서 살던 아파트까지 팔고 지금의 반 지하로 집을 옮겼고 시골에 있던 크고 작은 땅도 모두 팔아서 여기에 쏟아 부었습니다.

존경하는 재판장님!

우리 남편인 피고인은 버섯의 종균을 배양하는 등 생산에 주력하고 친구라는 분은 판매망을 구축하여 판매를 전담하기로 하여 피고인은 생산에만 전력을 다하기로 하고 ○○영농 주식회사 법인을 설립한 후 대표에 피고인이 등재되었을 뿐 실질적으로는 동업관계였으나 판매망이 구축되지 않는 등 손실을 입게 되자 대표로 등재된 피고인에게 모든 책임이 돌아오고 이렇게 자금문제 로 인하여 피고인은 감옥에 갇혀 있는 상태가 되고 말았습니다.

존경하옵는 재판장님!

탄원인이 살고 있는 지금 반 지하의 집은 300만원에 매월 60만원 씩 내야하는 사글셋방입니다.

남편이 몽땅 버섯재배사업에 투자하고 1년이 넘도록 생활비를 한 푼도 지급받지 못하던 상태에서 구속되는 바람에 월세가 7개월이나 밀려 그나마도 집주인께서 집을 비워달라고 하셔서 추운 날씨에 어린 아이들을 대리고 길거리로 쫓겨나게 생겼습니다.

아이들이 어려서 떼어놓고 일을 할 처지도 되지 못하고 시골에 농사짓고 계시는 시 부모님께나 시동생들에게 도움을 청하고 아이들이라도 시골집에 맡겨놓고 일을 해서 남편이 출소하는 날까지라도 생활비를 벌려고 해도 모두 다 남편이 끌어다가 버섯재배에 몽땅 쏟아 붇는 바람에 그런 입장이 되지 못해 정말 안타깝습니다.

존경하옵는 재판장님!

탄원인의 힘으로 여자의 몸으로는 견디기가 너무나도 힘이 들어 미칠 지경입니다.

그런다고 탄원인의 친정이 잘 사는 것도 아니라 저는 도움을 청할 분들이 주변에 한 사람도 없습니다.

아이들에게 밥은 먹여야겠다는 생각만 하고 지금은 아이들 다 잠든 후 골목을 누비며 파지와 고물을 주워 새벽에 고물상에 넘기고 받는 13,000원 정도의 수입가지고 아이들에게 밥해 주고 살아가고 있는 저의 처지는 남편도 모르고 아이들도 모르고 아무도 모릅니다.

제가 힘들게 번 돈으로 우리 사랑하는 아이들에게 밥을 지어주고 아이들이 밥을 맛있게 먹는 모습을 바라보면 그래도 힘이 생기고 뿌듯하지만 여자의 몸으로는 너무나 힘듭니다.

존경하옵는 재판장님!

탄원인에게는 아이들이 힘들 때 아버지를 애타게 찾고 눈물을 흘리다가 잠든 모습을 보면 눈가에 눈물이 말라버린 것을 보고 저도 얼마나 울었는지 모릅니다.

저는 이때 마다 어린 아이들에게 돈을 벌기 위해 외국에 건설현장에 가셨는데 봄이 오면 꼭 돌아오신다고 거짓말을 한 것이 아이들은 달력에 하루하루를 빨간 색칠로 도배하면서 아버지 돌아오실 날만 애타게 기다리는 아이들의 모습을 지켜보자면 몹시 힘이 듭니다.

존경하는 재판장님!

저의 남편이 나쁜 짓을 했거나 피해를 준 것에 대해서는 면회하는 자리에서 피고인이 탄원인에게 참회의 눈물까지 흘리며 자신의 잘못을 뼈저리게 뉘우치고 반성하고 있었습니다.

피고인이 나가서 피해자 분께 모두 변제해 드릴 수 있다고 장담하고 있고 피고인은 상당한 기간 동안 구속되어 많은 것을 깊이 뉘우치고 반성하고 있는 점을 정상 참작하시어 가족의 품으로 하루속히 보내 주셨으면 하는 마음 간절하여 호소합니다.

존경하는 재판장님!

어린 아이들이 애타게 아버지를 찾고 있습니다.

어린 아이들을 불쌍하게 여기시고 저의 남편인 피고인에게 은전을 베풀어 석방해 주시면 비록 여자의 몸이지만 적극적으로 남편을 도와 꼭 피해자의 손해를 책임지고 모두 변제하도록 하겠습니다.

재판장님의 은혜는 평생 동안 잊지 않고 가슴속에 간직하고 있다가 꼭 보답하고 행복하게 어린아이들과 잘 살겠습니다.

소명자료 및 첨부서류

1. 가족관계증명서   1부

1. 탄원인에 대한 인감증명서   1부

○○○○ 년 ○○ 월 ○○ 일

위 탄원인 : ○ ○ ○   (인)

인천지방법원 형사 제2단독 귀중

탄 원 서

사건번호 : ○○○○고단○○○○호 사기 등

피탄원인 : ○   ○   ○

탄 원 인 : ○   ○   ○

대구지방법원 형사 제2단독 귀중

탄 원 서

1. 탄원인

성 명	○ ○ ○	주민등록번호	생략
주 소	대구시 달서구 ○○로 ○○, ○○○-○○○호		
직 업	주부	사무실 주 소	생략
전 화	(휴대폰) 010 - 9822 - 0000		
사건번호	대구지방법원 ○○○○고단○○○○호 사기 등 피고인 ○○○ 현재 대구교도소 수감 중		

　상기 탄원인은 대구지방법원 ○○○○고단○○○○호(○○○○년 형제○○○○호) 사기 등 피고사건의 피고인 ○○○의 처로서 다음과 같은 애틋한 사정으로 재판장님께 탄원하오니 피고인에게 선처해 주시기 바랍니다.

존경하옵는 재판장님!

탄원인은 현재 대구교도소에 수감되어 재판장님으로부터 형사재판을 받고 있는 피고인 ○○○의 처 ○○○입니다.

탄원인과 피고인은 ○○년 전에 결혼을 하여 슬하에 2녀 2남을 두고 있습니다.

탄원인은 경상북도 김천시 구성면에 있는 단위농협에 근무하고 있었고, 피고인도 같은 농협에 근무하면서 인연을 맺어 결혼을 하고 탄원인은 바로 퇴사하였으나 피고인은 계속 농협에 근무를 하다가 ○○○○. ○○. ○○.경 친구와 경산에서 농토를 대여해 버섯을 재배하는 사업을 하겠다며 퇴직을 하였습니다.

사랑하는 재판장님!

피고인은 경상북도 김천에서 많이 떨어진 지례라는 시골마을에서 8남매의 장남으로 태어나 중고등학교를 마치고 김천으로 내려가 대학을 졸업하고 바로 김천에 있는 단위농협에 근무를 하던 중 탄원인을 만나 결혼하여 지금의 우리 가정을 꾸려온 가장입니다.

피고인은 사회경험도 없고 더군다나 사업을 해본 경험이 전혀 없는데 사회에서 만난 친구의 꼬임에 빠져 개량대추를 재배하는 사업을 하겠다고 했을 때도 탄원인은 반대를 했습니다.

자금이 부족하여 김천에서 살던 아파트까지 팔고 지금의 반 지하로 집을 옮겼고 시골에 있던 크고 작은 땅도 모두 팔아서 여기에 쏟아 부었습니다.

존경하는 재판장님!

우리 남편인 피고인은 개량대추 생산에 주력하고 친구 분은 판매망을 구축하여 판매를 전담하기로 하여 피고인은 생산에만 전력을 다하기로 하고 영농 법인까지 설립한 후 대표에 피고인이 등재되었을 뿐 실질적으로는 동업관계였으나 판매망이 구축되지 않는 등 손실을 입게 되자 대표로 등재된 피고인에게 모든 책임이 돌아오고 이렇게 자금문제 등으로 인하여 피고인은 감옥에 갇혀 있는 상태가 되고 말았습니다.

존경하옵는 재판장님!

탄원인이 살고 있는 지금 반 지하의 집은 500만원에 매월 70만원 씩 내야하는 사글셋방입니다.

남편이 몽땅 개량대추재배사업에 투자하고 ○년이 넘도록 생활비를 한 푼도 지급받지 못하던 상태에서 구속되는 바람에 월세가 ○개월이나 밀려 그나마도 임대인이신 집주인께서 집을 비워달라고 하셔서 추운 날씨에 어린 아이들을 대리고 길거리로 내 쫓기게 생겼습니다.

사랑하는 재판장님!

아이들이 어려서 아이들을 떼어놓고 일을 할 처지도 되지 못하고 시골에 농사짓고 계시는 시 부모님께나 시동생들에게 도움을 청하고 아이들이라도 시골집에 맡겨놓고 일을 해서 남편이 출소하는 날까지라도 생활비를 벌려고 해도 모두 다 남편이 끌어다가 상황버섯재배에 몽땅 쏟아 붇는 바람에 그런 입장이 되지 못해 정말 안타깝습니다.

존경하옵는 재판장님!

탄원인이 여자의 몸으로는 견디기가 너무나도 힘이 들어 미칠 지경입니다.

그런다고 해서 탄원인의 친정이 잘 사는 것도 아니라 저는 도움을 청할 분들이 주변에 없습니다.

아이들에게 밥은 먹여야겠다는 생각만 하고 지금은 아이들 다 잠든 후 골목을 누비며 파지와 고물을 주워 새벽에 고물상에 넘기고 받는 고작 13,000원 정도의 수입가지고 아이들에게 밥해 주고 살아가고 있는 저의 처지는 남편도 모르고 아이들도 모르고 아무도 모릅니다.

이렇게라도 제가 번 돈으로 우리 사랑하는 아이들에게 밥을 지어주고 아이들이 밥을 맛있게 먹는 모습을 바라보면 그래도 힘이 생기고 뿌듯하지만 여자의 몸으로는 너무나 힘듭니다.

존경하는 재판장님!

탄원인에게는 아이들이 힘들 때 아버지를 애타게 찾고 눈물을 흘리다가 잠든 모습을 보면 눈가에 눈물이 말라버린 것을 보는 저는 얼마나 울었는지 모릅니다.

저는 이때 마다 어린 아이들에게 아빠가 피고인이 돈을 벌기 위해 외국에 건설 현장에 가셨는데 올 연말까지는 돌아오신다고 거짓말을 한 것이 아이들은 달력에 하루하루를 빨간 색칠로 도배하면서 아버지 돌아오실 날만 애타게 기다리는 아이들의 모습을 지켜보자면 몹시 힘이 들고 한편으로는 남편이 연말에 집으로 돌아오지 못하면 어떻게 하나 걱정이 앞섭니다.

존경하옵는 재판장님!

저의 남편이 나쁜 짓을 했거나 피해를 준 것에 대해서는 면회하는 자리에서 피고인이 탄원인에게 참회의 눈물까지 흘리며 자신의 잘못을 뼈저리게 뉘우치고 반성하고 있었습니다.

피고인이 나가서 피해자 분께 모두 변제해 드릴 수 있다고 장담하고 있고 피고인은 상당한 기간 동안 구속되어 많은 것을 깊이 뉘우치고 반성하고 있는 점을 정상 참작하시어 가족의 품으로 하루속히 보내 주셨으면 하는 마음 간절합니다.

존경하는 재판장님!

사랑하는 재판장님께서 저의 남편인 피고인에게 은전을 베풀어 석방해 주시면 비록 여자의 몸이지만 적극적으로 남편을 도와 피해자의 손해를 책임지고 모두 변제하도록 하겠습니다.

부디 피고인에게 한 번만 기회를 주셨으면 고맙겠습니다.

재판장님의 은혜는 평생 동안 잊지 않고 가슴속에 간직하고 있다가 꼭 보답하고 항상 남에게 베풀고 행복하게 어린아이들과 잘 살겠습니다.

소명자료 및 첨부서류

1. 가족관계증명서   1통

1. 취학증명서   1통

1. 탄원인에 대한 인감증명서   1통

1. 아이들이 재판장님께 드리는 편지   2통

○○○○ 년 ○○ 월 ○○ 일

위 탄원인 : ○ ○ ○   (인)

대구지방법원 형사0단독 귀중

탄 원 서

탄 원 인 : ○ ○ ○

피 의 자 : ○ ○ ○

대구지방검찰청 ○○○검사 귀중

탄 원 서

1. 탄원인

성 명	○ ○ ○	주민등록번호	생략
주 소	대구시 ○○구 ○○로 ○○, ○○○-○○○호		
직 업	상업	사무실 주 소	생략
전 화	(휴대폰) 010 - 2345 - 0000		
피의자와의 관 계	본인입니다.		

2. 탄원의 취지

　상기 탄원인은 ○○경찰서 ○○○○형제○○○○호, 대구지방검찰청 ○○○○형제○○○○호 식품위생법위반 등 사건의 피의자로서 아래와 같이 검사님께 억울함을 호소하오니 선처해 주시기 바랍니다.

3. 탄원의 요지

(1) 존경하는 검사님!

　먼저 사건 당일의 사건정황을 간단하게 설명을 드리겠습니다.

　저는 주소지에 인근에 있는 대구시 ○○구 ○○로 ○○길 ○○○,에서 3년 정도 전에 이곳에서 보증금 3,000만원에 월세 180만원으로 임대를 얻어 아름다운강산이라는 상호로 영업을 시작하여 집사람은 주방에서 저는 홀에서 일을 하면서 어렵지만 그런대로 현상은 유지가 되어 아무런 탈 없이 평온한 가운데 영업을 하는 중에 ○○○○. ○○.월경 ○○경찰서에서 조사를 받게 되었습니다.

그 이유는 피의자가 운영하는 식당 앞에서 친구들로 보이는 사람들이 사소한 말다툼으로 폭력사건이 발생하였는데 그 사건을 조사하는 과정에서 지난 5개월 전인 ○○○○. ○○.경 새벽 2시경 청소년 4명이 피의자의 음식점에서 술과 삼겹살을 먹었으며 미성년자들이 체크카드로 대금을 결제하였는데 그 들의 통장에 아름다운강산 78,000원의 기록이 있다면서 경찰관이 그러한 사실을 저에게 알고 있느냐고 물어보아 5개월 전에 일어난 일이라 저는 드나드는 손님들이 많아서 일일이 기억을 하지 못한다고 진술한 사실이 있습니다.

(2) 현명하신 검사님!

피의자가 운영하는 아름다운강산이라는 식당은 24시간 영업을 하고 있기 때문에 피의자는 매일 식당을 영업하기 위하여 아침 8시에 출근하여 밤 11시 50분에서 12시경에 퇴근하므로 그 시각에는 피의자가 식당에 없어서 더군다나 기억할 수 없었으며, 그날 새벽에 근무하던 알바생도 지금은 제가 운영하는 식당을 이미 그만두고 없기 때문에 확인조차 불가능한 상황입니다.

설령, 그 아르바이트생이 현재까지 우리 식당에 근무를 하고 있다고 하더라도 오래된 일이라 기억하기 어려운 일이라 사료됩니다.

(3) 존경하고 현명하신 검사님!

그러나 사건발생 당일 피의자가 그 시각에 식당에 없었다 하더라도 피의자는 영업주로서 아르바이트생에게 더욱더 철저히 교육하지 못한 잘못과 그 의무를 다하지 못한 책임을 깊이 뉘우치고 통감하며, 안타까운 마음으로 지금 이 시간에도 뼈아픈 반성을 하고 있습니다.

변경 같아서 송구스럽습니다만, 피의자가 부재중에 일어난 사건으로 젊은 세대의 일행이 들어와 음식을 주문하면서 술을 주문하는 경우에는 반드시 신분증을 꼼꼼히 확인하고 또 확인하도록 누차에 주지한바, 지금까지 3년 동안 정말 별다른 위반 없이 평온한 가운데 영업을 해왔다고 해도 과언은 아닙니다.

(4) 존경하고 자비로우신 검사님!

돌이켜 보건데 아르바이트생이 그 시각에 주인도 퇴근해 자리에 없고 하루 온종일 홀에서 서빙을 하느라 피곤하기도 하여 순간 마음의 긴장이 풀려 소홀히 한 것으로 짐작이 되오며, 그가 매상을 위하여 고의로 술을 판매한 것으로 보기 어려운 점 등 이와 같은 정황을 고려하시어 이번 한차례만 용서를 해 주시면 다시는 이런 일이 생기지 않도록 하겠습니다.

사회경기가 침체되어 영업도 이제는 순조롭지 않습니다.

상당히 어렵습니다.

임대료를 내기도 벅찬 영업이 지속되어 정말 어렵습니다.

부디 한번 만 용서를 해주시고 관용을 베풀어 주시기를 무릎을 꿇고 검사님께 간청 드립니다.

이번에 한하여 용서해 주시면 절대로 이런 일이 생기지 않게 하고 열심히 살겠습니다.

4. 소명자료 및 첨부서류
   (1) 가족관계증명서   1부
   (2) 사업자등록증 사본   1통
   (3) 탄원인에 대한 인감증명서   1통

               ○○○○ 년 ○○ 월 ○○ 일

                       위 탄원인 : ○ ○ ○   (인)

           대구지방검찰청 ○○○검사 귀중

【탄원서(21)】 명예훼손죄 공판을 앞둔 피고인의 지인이 재판장님께 피고인의
사정을 호소하고 선처해 달라는 탄원서 최신서식

탄 원 서

사 건 번 호 : ○○○○고단○○○○호 명예훼손 등

피 고 인 : ○   ○   ○

탄 원 인 : ○   ○   ○

광주지방법원 형사 제2단독귀중

탄 원 서

1. 탄원인

성 명	○ ○ ○	주민등록번호	생략
주 소	광주광역시 ○○구 ○○로 ○길 ○○, ○○○호		
직 업	목사	사무실 주 소	생략
전 화	(휴대폰) 010 - 1278 - 0000		
기타사항	광주지방법원 ○○○○고단○○○○호 명예훼손 등 피고사건		

　　상기 탄원인은 광주지방법원 ○○○○고단○○○○호 명예훼손 등 피고사건의 피고인 ○○○의 지인으로서 아래와 같은 사유로 재판장님께 탄원서를 제출하오니 부디 피고인을 선처해 주시기 바랍니다.

(1) 존경하는 우리 재판장님께 드립니다!

　　먼저 존경하는 재판장님께서 항상 사법적 정의구현 노력에 깊은 감사의 말씀부터 올립니다.

　　탄원인은 재판장님 앞에서 명예훼손 등으로 공판을 앞두고 있는 피고인 ○○○의 지인이자 교수로 목자들을 가르치는 사람입니다.

　　제가 재판장님께 피고인의 선처를 호소하고 탄원서를 쓰게 된 것은 누구로부터 부탁을 받거나 타의적으로 작성한 것이 절대 아니며 이 탄원서는 전적으로 저의 내면에서 우러나오는 자발성에서 이뤄진 것임을 분명히 말씀드립니다.

우리 ○○대학교는 광주광역시 ○○구에 위치한 사회의 영적인 지도자를 양성하기 위해 기독교인들의 기도와 성금으로 설립된 공공의 교육자산입니다.

그럼에도 일부 이사들이 자신들의 임기를 70세라는 종신에 가깝도록 늘려놓고 여타 영향력 있는 교계 지도자 및 단체들은 운영진에서 원천배제 해놓고 공공자산을 사유화하고 있습니다.

(2) 은혜롭고 자비로우신 우리 재판장님!

학교를 개인기업처럼 한손에 쥐락펴락 해왔고 이는 학교의 설립정신에도 배치될 뿐만 아니라 학생들의 자유정신을 질식시키는 반교육적 행태이기에 여러 가지 잡음이 양산되어왔습니다.

자유로운 학풍과 면학분위기 조성을 통해 학문탐구와 진리추구를 도와야 할 이들이 오히려 학생과 교수들의 비판정신과 자유의지를 억압하고 불법적 행태를 일삼아 사회모범을 스스로 포기하여 일개 개인기업 수준으로 우리 ○○대학교를 전락시켰습니다.

대규모 학교공사를 임의수의계약으로 발주하는 위법을 거듭 자행하여 교육부로부터 위법성을 지적받았는가 하면 학교공금을 임의로 개인통장으로 이체시켜 카드대금 결제에 사용하여 배임행위를 스스럼없이 저질렀습니다.

(3) 존경하는 우리 재판장님!

이런 일들은 영적가치를 으뜸으로 여기는 우리 ○○대학교의 모든 구성원들의 자존심에 깊은 상처를 남기고 있으며 현재도 자신들의 억압적이고 불법적인 행태를 뉘우치기 보다는 여전히 고소고발 및 민사소송이라는 무리한 소송 전을 남발하여 동문들의 입에 재갈을 물리려 하고 있습니다.

최근에는 법에 정해진 절차를 무시하고 눈엣가시로 낙인찍힌 교수들을 충분한 사전소명의 기회도 박탈한 채 재 임용탈락 시켰는가 하면 학생과 동문들의 반발을 무릅쓰고 자신들의 이익을 대변할 허수아비 인사를 총장에 선임하기도 하였습니다.

(4) 존엄하시고 현명하신 재판장님!

이에 대한 비판 글이 쇄도하는 학교홈페이지 자유게시판은 이미 폐쇄상태입니다.

이런 일련의 사태에 대해 우리 학생 및 교직원 수백 명은 매일 점심시간 1시간동안 학내 도서관에 모여 무기한 기도회를 가지며 학교운영진의 회개와 퇴진을 촉구하고 있습니다.

아울러 교수들 전원이 보직을 이미 사퇴하였고 현 사태에 대해 기독교신문에 투고하여 운영진의 횡포와 무도함에 대해 알리고 있습니다.

(5) 은혜로우신 우리 재판장님!

기독교계는 운영진의 불법적이고 파행을 거듭하는 학교운영행태에 대해 개탄하고 학교에 대한 지원을 전면중단하겠다고 선언하고 있습니다.

이처럼 시대착오적인 자신들의 불법 전횡으로 인해 잡음이 나고 문제가 비화되고 있음에도 문제를 지적하는 학생과 교수, 동문들을 오히려 문제의 근원으로 지목하고 보복적인 표적소송을 벌이고 있는 것은 영적인 삶을 사는 사람들로서 실로 개탄스러운 일이 아닐 수 없습니다.

본 고소사건도 학교를 걱정하는 피고인의 선의의 우려에서 나온 발언으로서 이미 사실로 밝혀진 사안들이고 개인사가 아닌 학교공동체의 일이라는 점에서 명예훼손이 아니라는 것이 검찰 및 재판부의 연이은 판단이었습니다.

(6) 존경하는 우리 재판장님!

따라서 그에 따른 손해배상청구는 근거 없는 것이며 그들이 그동안 저질러온 전횡과 억압적 행태의 연장에 다름 아니라 할 것입니다.

학교의 명예를 떨어뜨리고 동문들의 자존심에 상처를 가한 것은 피고인이 아니라 고소를 제기하고 있는 당사자들일 것입니다.

따라서 자신들이 동문 및 기독교계의 분노와 지탄을 받는 것은 피고인 때문이 아니라 그들 자신들의 잘못 때문임을 이번기회에 깨닫게 해주시기 바랍니다.

피고인은 전국에서도 독거노인, 장애인 등 소외계층이 많기로 유명한 광주에서 교회를 개척하여 교회 내에 가정봉사원 파견시설, 주간보호시설, 아동공부방 등 저소득층을 위한 복지시설을 오랫동안 설치하고 운영해 왔습니다.

(7) 정의롭고 현명하신 우리 재판장님!

이 경험들이 토대가 되어 사회복지에 대한 전국 기독교계의 관심을 일깨우는데 크게 기여하여 전국 목회자로서 그를 모르는 이가 없다할 것입니다.

모쪼록 피고인에 대한 선처를 베푸셔서 사회정의가 우리학교에도 미쳐 전체 학교구성원들에게 평화와 학교발전에 대한 기대가 강물처럼 흐르도록 해주시기 바랍니다.

재판장님께 피고인의 선처를 다시 한 번 더 호소합니다.

부디 피고인의 선처를 호소합니다.

피고인을 업적을 무시하고 개인적으로 구복을 채우기 위한 세력들의 모함에 불과합니다.

또다시 피고인의 선처를 호소합니다.

감사합니다.

2. 소명자료 및 첨부서류

(1) 탄원인에 대한 인감증명서   1통

○○○○ 년 ○○ 월 ○○ 일

위 탄원인 : ○ ○ ○   (인)

광주지방법원 형사 제2단독귀중

【탄원서(22)】 음주운전 운전면허취소처분 취소 행정심판청구를 하고 심판위
원께 선처를 간곡히 호소하는 탄원서 최신서식

탄   원   서

사 건 번 호 : ○○○○행심○○○○호 운전면허취소처분 취소

탄 원 인 : ○   ○   ○

행정심판위원회 귀중

탄　원　서

1. 탄원인

성　　명	○　○　○	주민등록번호	생략
주　　소	경상북도 안동시 ○○로 ○○, ○○○-○○○호		
직　　업	상업	사무실 주　소	생략
전　　화	(휴대폰) 010 - 9845 - 0000		
기타사항	본인입니다.		

　　탄원인은 ○○○○행심○○○○호 음주운전과 관련하여 행정심판위원님께 아래와 같은 이유로 탄원하오니 깊이 통찰하여 선처해 주시기 바랍니다.

존경하옵는 심사위원님!

탄원인은 음주운전이라는 본래의 뜻도 모르고 잠시 저 자신을 망각하고 음주운전을 했다는 것이 딱해 보이거나 애처롭기도 하고 가엾은 처지에 놓여있어 불쌍한 인간이 되어버렸습니다.

가진 것이 너무 없어서 불쌍하고 아는 것이 모자라 세상물정이 어떻게 돌아가는지도 모르고 스스로 감정을 절제하지 못하고 술을 먹고 운전을 해 놓고 처신할 능력이 모자라 남의 동정을 받아야 하는 저의 모습이 불쌍하기 짝이 없어 모든 뿐께 부끄럽게 생각하고 존경하는 심사위원님께 미안하고 죄송한 마음 뿐입니다.

존경하옵는 심사위원님!

탄원인은 평소 운전할 때도 병목현상의 도로에서 차례대로 한 대씩 진입하고 있는데 유독 순서를 무시하고 차머리를 갖다 붙인 때가 많았던 것 같아 반성하고 있습니다.

단 몇 초의 여유조차 없으니 더 많은 것을 지녔다 해도 지금에 와서 탄원인에게 무슨 가치가 있고 소용이 있겠습니까.

탄원인은 음주운전으로 적발되는 날 술을 먹고 운전을 하면서도 음주운전단속으로 교통체증이 되어 모두가 지쳐있는데 옆 갓길로 달려가 은근슬쩍 주행선에서 음주운전을 단속하던 경찰관에게 끼어들기 하면서 음주측정을 먼저 받았습니다.

탄원인이 술을 많이 먹었기 때문에 먼저 음주측정을 하려고 끼어들기를 한 것이 아니고 변명 같겠지만 탄원인은 정말 음주운전에 적발되지 않을 정도로 술을 먹었기 때문에 먼저 단속을 받기 위해서 자신만만하게 끼어들기까지 하면서 단속을 받았던 것인데 음주측정결과 탄원인이 생각하고 믿었던 이상으로 측정 수치가 나오는 바람에 면허가 취소되어 탄원인은 측정한 수치에 대해 이견이 생겨 지급도 억울하게 생각합니다.

존경하옵는 심사위원님!

누구나 음주운전을 하다가 저 앞에서 단속을 하고 있으면 시간을 벌어 가급적이면 술이 깬 후에 측정을 받으려 하는데 탄원인은 그렇게 술을 많이 마시지 않았기 때문에 단속을 해도 별 무리가 없을 것으로 생각하고 먼저 끼어들기까지 해서 음주단속을 받았는데 상상외로 많은 수치가 나왔는데 방법을 몰라 이견이 생긴 측정수치에 따라 면허가 취소된데 대하여 정말 억울합니다.

탄원인이 방법을 측정당시 알았다면 혈액을 채취해 검사하였을 것인데 잘 모르고 상상외로 많이 나온 단속수치를 인정하였다는 것이 계속 마음에 걸리고 억울하다는 생각 때문에 밤으로 잠을 이루지 못하고 불면증까지 얻어 시달리고 있습니다.

존경하옵는 심사위원님!

한잔이든 두 잔이든 탄원인의 주량을 믿고 술을 먹은 상태에서 음주운전을 하였다는 것은 잘못이고 처벌을 받아야 마땅하지만 측정방법과 측정수치에 이견이 있는데 이대로 처벌을 받아야 한다는 것이 너무나 억울하고 가혹한 것 같아서 존경하옵는 심사위원님께 염치 불구하고 이렇게 선처를 호소하기 위해 탄원을 하기에 이른 것입니다.

존경하는 우리 심사위원님!

탄원인은 매일매일 지금까지 하루도 빠짐없이 일기를 쓰고 있습니다.

탄원인이 일기를 쓰지 않았다면 아마 흐트러지기 쉬운 탄원인의 성격으로 보아 저의 모습은 많이 달라져 있을 것입니다.

지금 탄원인의 모습은 비록 술을 먹고 운전하여 한심하고 부끄럽기 짝이 없는 지경에까지 와 있지만 더 많이 망가지지 않고 더 많이 무너지지 않고 이 정도로 지탱할 수 있었던 것도 일기의 힘이라고 믿고 생활해 왔다고 해도 과언은 아닙니다.

탄원인의 일기장에는 대수롭지도 심각하지도 않은 무덤덤한 사연들이 많고 문제될 것도 없고 비밀이라고 감추어야 할 사연도 없는 밋밋한 하루하루가 먼지처럼 쌓여있지만 이것은 다 지나가는 바람이고 흘러가는 물처럼 이제 탄원인에게도 중요하지 않고 다른 분들에게도 아무 소용도 없는 허접스레기로 남아 있어도 탄원인에게는 일기가 가장 소중한 마음의 지도가 되어준 것도 사실이였습니다.

존경하는 심사위원님!

일기에 쓰이는 탄원인의 삶은 한 치 부끄럼도 남에게 해를 끼치지 않으려고 탄원인은 탄원인 나름대로 최선을 다해 열심히 살고 늘 베풀면서 살기위해 노력하고 있었습니다.

존경하옵는 심사위원님!

보잘 것 없는 탄원인은 지금 억울하게 운전면허가 취소되었다는 생각 때문에 실 끊어진 연처럼 뿌리가 잘린 나무같이 탄원인을 잡아주던 일기가 사라진 듯 마음이 허전하여 반성하고 뼈저리게 뉘우치고 있습니다.

현실은 수시로 변하고 흐르는 세월에 삶의 빛이 바래듯 소중한 탄원인의 발자취라고 기록해 왔던 탄원인의 일기장 속에 음주운전으로 적발되는 날 술을 먹고 하지 말아야 할 음주운전을 하여 탄원인의 온 가족은 물론 주변의 많은 분들께 누를 끼치고 가슴 아프게 한 탄원인의 잘못을 깊이 뉘우치며 무릎을 꿇어 반성하고 용서를 구하기 위해 이렇게 탄원하고 있습니다.

존경하는 심사위원님!

탄원인에게 덧없는 억울한 마음의 아쉬움까지 탄원서를 통하여 정리하면 사라지는 연기처럼 탄원인의 마음이 한없이 가벼워질 것 같아 이렇게 염치 불구하고 존경하는 심사위원님께 한 번만 용서를 해 달라고 탄원서를 제출하게 되어 정말 죄송하고 미안하게 생각합니다.

탄원인은 지금까지 운전을 하면서 교통법규 한번 위반하지 않고 음주운전으로 적발된 것도 이번이 처음입니다.

탄원인은 토요일이면 어김없이 사회시설에 찾아가 봉사를 하고 모범시민으로 구청장과 경찰서장의 표창장과 감사패도 받았고 수시로 헌혈을 하는 등 타에 모범이 되도록 착하게 살아온 탄원인에게 이번과 같은 음주운전이라는 실수로 인하여 운전면허를 취소하고 엄청난 금액의 벌금을 부과하는 처벌은 탄원인에게는 너무나 가혹하고 무거운 벌이 아닐 수 없으므로 탄원인에게 다시 한 번 착하게 살아갈 수 있도록 기회를 주셨으면 하는 마음 간절하여 존경하옵는 심사위원님께 탄원의 글을 올리오니 깊이 통찰하여 선처해 주셨으면 합니다.

소명자료 및 첨부서류

(1) 가족관계증명서   1통
(2) 인감증명서   1통

○○○○ 년 ○○ 월 ○○ 일

위 탄원인 : ○ ○ ○   (인)

행정심판위원회 귀중

◼ 대한법률콘텐츠연구회 ◼

편 저

· 법률용어사전
· 산재판례 100선
· 판례 소법전
· 산업재해 이렇게 해결하라
· 민사소송 준비서면 작성방법
· 형사사건 탄원서 작성 방법
· 새로운 고소장 작성방법 고소하는 방법

형사사건 경찰·검찰 수사단계, 법원 재판단계 선처 탄원서

형사사건 탄원서 작성방법

2023년 05월 10일 인쇄
2023년 05월 15일 발행

편 저 대한법률콘텐츠연구회
발행인 김현호
발행처 법문북스
공급처 법률미디어

주소 서울 구로구 경인로 54길4(구로동 636-62)
전화 02)2636-2911~2, 팩스 02)2636-3012
홈페이지 www.lawb.co.kr

등록일자 1979년 8월 27일
등록번호 제5-22호

ISBN 979-11-92369-78-5 (13360)

정가 24,000원

이 도서의 국립중앙도서관 출판예정도서목록(CIP)은 서지정보유통지원시스템 홈페이지(http://seoji.nl.go.kr)와 국가
자료종합목록 구축시스템(http://kolis-net.nl.go.kr)에서 이용하실 수 있습니다.